DINÂMICA ORGANIZACIONAL E ESTRATÉGIA:

Imagens e Conceitos

Dados Internacionais de Catalogação na Publicação (CIP)
(Câmara Brasileira do Livro, SP, Brasil)

Vasconcelos, Flávio Carvalho de
Dinâmica organizacional e estratégia : imagens e conceitos / Flávio Carvalho de Vasconcelos. - São Paulo : Cengage Learning, 2007.

Bibliografia.
ISBN: 978-85-221-0590-8

1. Comportamento organizacional 2. Estratégia empresarial I. Título.

07-3564 CDD-658.4012

Índice para catálogo sistemático:

1. Estratégia empresarial : Administração executiva 658.4012

DINÂMICA ORGANIZACIONAL E ESTRATÉGIA:
Imagens e Conceitos

Flávio Carvalho de Vasconcelos

CENGAGE

Austrália • Brasil • México • Cingapura • Reino Unido • Estados Unidos

CENGAGE

Dinâmica Organizacional e Estratégica: Imagens e Conceitos

Flávio Carvalho de Vasconcelos

Gerente Editorial: Patricia La Rosa

Editora de Desenvolvimento: Danielle Mendes Sales

Supervisor de Produção Editorial: Fábio Gonçalves

Supervisora de Produção Gráfica: Fabiana Alencar Albuquerque

Produtora Editorial: Renata Siqueira Campos

Copidesque: Iná de Carvalho

Revisão: Maria Vitoria F. de Malavazzi Lima e Renata Costa

Composição: PC Editorial Ltda.

Capa: Eliana Del Bianco

ISBN 13: 978-85-221-0590-8
ISBN-10: 85-221-0590-1

Cengage Learning
Condomínio E-Business Park
Rua Werner Siemens, 111 – Prédio 11 – Torre A – Conjunto 12
Lapa de Baixo – CEP 05069-900 – São Paulo – SP
Tel.: (11) 3665-9900 – Fax: (11) 3665-9901
SAC: 0800 11 19 39

Para suas soluções de curso e aprendizado, visite **www.cengage.com.br**

Impresso no Brasil
Printed in Brazil

Dedico este trabalho à minha esposa,
Isabella Freitas Gouveia de Vasconcelos,
e a meu filho, Flávio Victor,
que me lembram a cada dia,
como disse Fernando Pessoa,
que basta existir para ser completo.

Sumário

Introdução

Esta obra aborda o tema estratégia empresarial e interpretação de uma perspectiva interdisciplinar e se divide em seis capítulos[1]. Assim como Ítalo Calvino apresentou, em suas *Seis propostas para o próximo milênio* (Calvino, 1990), uma visão pessoal sobre as perspectivas de evolução da literatura no final do século XX, neste trabalho pretendemos também apresentar uma visão pessoal de seis tópicos que têm forte impacto sobre os estudos de estratégia nos dias de hoje.

A primeira imagem, consolidada na metáfora *Multiplicidade*, é desenvolvida no Capítulo 1, no qual são discutidas a origem recente e a proliferação atual de teorias em estratégia empresarial. Essa multiplicidade teórica é tratada de modo a propor um modelo de classificação das teorias em estratégia fundamentado na análise empírica do modelo de escolas de pensamento em estratégia empresarial desenvolvido por Mintzberg, Ahlstrand e Lampel no livro *Safári de estratégia* (1998). Os resultados desse estudo são baseados em uma pesquisa com 195 entrevistas que foram submetidas a um procedimento de análise fatorial exploratória. As conseqüências relativas à interação entre teoria e prática são em seguida discutidas, apresentando o que definimos como a síndrome do ornitorrinco e sugerindo a idéia de um princípio da ambigüidade requerida (*requisite equivocality*) e como forma de tratamento da multiplicidade do campo.

O Capítulo 2 explora a imagem *Interpretação* e discute a possibilidade de uma linha de pesquisa interpretativa em estratégia empresarial. Notamos

[1] Este livro é fruto de trabalhos desenvolvidos no GV Estratégia, Centro de Estudos em Estratégia e Competitividade da Fundação Getulio Vargas, do qual o autor é coordenador.

que, embora predominante no campo de estratégia empresarial, a abordagem objetivista da realidade social não é a única alternativa epistemológica e metodológica possível. Abordagens interpretativas aplicadas à estratégia foram sugeridas por diversos autores, desde as décadas de 1960 e 1970. Esse capítulo procura sistematizar as principais conseqüências da abordagem interpretativa em estratégia empresarial, focando-as na prática da decisão estratégica. Destacamos especialmente três efeitos: o abandono do pressuposto teórico, segundo o qual as organizações devem se adaptar aos seus ambientes, à redefinição de oportunidades, ameaças e restrições, a partir da teoria cognitiva, e à maior ênfase dada atualmente no campo de estratégia aos processos de tomada de decisão, em lugar da adoção de modelos formais. A partir dessa revisão teórica e da definição da abordagem cognitivista, utilizamos a teoria neo-institucional para avaliar os estilos estratégicos das empresas que atuam na internet no Brasil. Pretendemos, assim, ilustrar alguns aspectos práticos da pesquisa em estratégia a partir de uma abordagem interpretativa.

O Capítulo 3, adotando uma perspectiva empírica mais acentuada aborda a imagem *Diálogo*, mostrando a importância de temas como a capacidade de comunicação e informalidade das pessoas nos processos de busca por novas oportunidades de negócios, identificando quais os fatores gerenciais e organizacionais que mais claramente influenciam esse comportamento. Esse capítulo estruturou-se a partir da operacionalização de um modelo de busca estratégica e interpretação ambiental proposto por Richard Daft e Karl Weick, em 1984, utilizando técnicas estatísticas como análise fatorial exploratória, análise fatorial confirmatória, análise de *clusters* e sistemas de equações estruturais (SEM). Os resultados desse estudo mostram que os elementos ligados ao diálogo (estilo gerencial participativo) e a adesão a valores organizacionais têm uma forte influência sobre os modos de busca por novos negócios.

O Capítulo 4 foca a imagem do *Cérebro* ou da *Racionalidade*, partindo de uma revisão teórica dos conceitos de burocracia e das condições de emergência de um modelo pós-burocrático de organização. Fazendo uma crítica a um modelo idealizado de organização pós-burocrática, esse capítulo desenvolve o argumento que as organizações modernas são, ainda, predominantemente burocráticas.

No Capítulo 5, desenvolvemos o conceito de *Intencionalidade* e fazemos algumas proposições teóricas de natureza interdisciplinar. Sugerimos, em essência, que a estratégia de uma organização pode ser vista como uma interpretação do mundo exterior e da organização, cristalizada em uma metanorma pressuposta, que define os objetivos e os problemas a serem resolvidos pelo conjunto de regras, de normas de decisão interconectadas que caracteriza uma burocracia. Em seguida, pelo conceito de sistemas intencionais, argumentamos que a estratégia de uma organização (a metanorma pressuposta que dá sentido ao seu conjunto de normas inferiores – rotinas e procedimentos) é, em primeiro lugar, uma simplificação cognitiva (uma hipótese operacional) por parte de agentes externos e internos (para poder compreender e prever o comportamento dessas organizações).

No sexto e último capítulo, examinamos a imagem *Complexidade* partindo de uma análise do conceito de complexidade sob um ponto de vista epistemológico, fazendo a distinção entre complexidade e complicação. A partir dessa diferenciação, são exploradas algumas conseqüências organizacionais da complexidade e da complicação em ambientes organizacionais. Finalmente, ligações são estabelecidas entre os conceitos de complexidade, gestão do conhecimento, gestão da ignorância, inovação e estratégia. Na proposta contida no último capítulo, a estratégia, enquanto atividade prática, é um exercício de interpretação que se define pelo foco na ignorância e nas questões relevantes para um determinado contexto de ação.

Capítulo 1

Multiplicidade – A Pluralidade Teórica em Estratégia: o Elefante e o Ornitorrinco

A estratégia empresarial é uma disciplina relativamente jovem. Comparado com os campos de estudo de economia e sociologia, o campo da estratégia empresarial pode ser visto como um fenômeno de formação mais recente, embora extremamente dinâmico em sua capacidade de criar abordagens teóricas diferenciadas. Este trabalho discute a recente proliferação de teorias em estratégia empresarial, propondo um modelo de classificação fundamentado na análise empírica do modelo de escolas de pensamento em estratégia empresarial desenvolvido por Mintzberg, Ahlstrand e Lampel em seu livro *Safári de estratégia* (1998). Os resultados de tal estudo são baseados em uma pesquisa com 195 entrevistas que foram submetidas a um procedimento de análise fatorial exploratória. As conseqüências relativas à interação entre teoria e prática serão discutidas em seguida, apresentando o que definimos como a síndrome do ornitorrinco, na qual sugerimos a idéia de um princípio da ambigüidade requerida (*requisite equivocality*).

Introdução – O Contexto de Formação dos Estudos de Estratégia Empresarial

Os estudos de economia encontram uma formalização acadêmica desde o século XVIII, quando Quesnay (1694-1774) explorava as interdependências entre variáveis econômicas como o *Tableau Économique* (Quesnay, 2004), e Adam Smith (1723-1790) colocava as bases conceituais da visão dos mercados como sistemas de auto-regulação da atividade social como o equilíbrio de preços e da liberdade para a alocação de recursos (Smith, 1994). Por outro lado, os estudos de sociologia têm também raízes antigas, as quais tradicionalmente remontam a Auguste Comte (1798-1857), fundador da corrente positivista (Comte, 1998), que daria origem às teorias sociológicas funcionalistas consolidadas com Durkheim (1858-1917) no final do século XIX (Durkheim e Lukes, 1982) e com Malinowski (1884-1942) e Radcliffe-Brown (1881-1955), no início do século XX (Radcliffe-Brown, 1965; Malinowski, 1984).

Comparados com essas disciplinas mais tradicionais, os estudos de teoria administrativa, em geral, e os de estratégia empresarial, em particular, têm uma formação bastante tardia. A estratégia empresarial somente se constitui como uma disciplina acadêmica a partir da segunda metade do século XX. Diversos fatores podem ser evocados como responsáveis por essa constituição tardia. Entre eles, podemos citar:

- Um ambiente acadêmico fortemente influenciado pela economia neoclássica, no qual a idéia do mercado como um sistema auto-regulado implica a transitoriedade e, em última análise, a irrelevância das estratégias das empresas. Dada a fluidez dos recursos no mercado, o comportamento das firmas tende a ser simplesmente uma aplicação mecânica das informações disponíveis no mercado e das curvas de utilidade dos tomadores de decisão. A própria noção de estratégia é estranha aos preceitos da economia neoclássica, na qual as decisões das firmas se concentram na alocação de recursos fungíveis entre alternativas finitas e conhecidas. A tecnologia e o *know-how* são dados, e sua difusão se faz de maneira perfeitamente fluida. Nesse sentido, as idéias de estratégia, antecipação e planejamento são desnecessárias e até mesmo disfuncionais dentro desse quadro teórico. Como colocado por David Teece, a própria noção de imperfeição dos mercados é uma noção fundamental para a disciplina de estratégia empresarial.

- Uma baixa profissionalização na gestão de grandes firmas, que até a segunda metade do século XX, continuavam, em grande medida, empreendimentos de administração preponderantemente familiar. A disciplina estratégia empresarial surge então juntamente com o crescimento em importância dos administradores profissionais, que passam a dominar a gestão de grandes empresas nos últimos 50 anos. Pankaj Ghemawat, por exemplo, corrobora esse argumento ao identificar o nascimento da disciplina de estratégia empresarial como um fenômeno contemporâneo ao surgimento das empresas integradas de grande porte, e ao surgimento do conjunto das *Business Schools* norte-americanas e das firmas de consultoria em gestão (Ghemawat, 1999 e 2000).

No entanto, a partir da década de 1950, esse ostracismo acadêmico da estratégia empresarial foi sendo progressivamente quebrado. Mesmo antes que a estratégia empresarial estivesse consolidada como disciplina acadêmica, várias contribuições importantes no contexto da teoria administrativa (ou teoria das organizações) começavam a delimitar os elementos básicos que viriam a constituir o campo dessa estratégia. Entre os autores dessas obras precursoras, encontramos Henri Fayol, Chester Barnard, Herbert Simon, John von Neumann, Philip Selznick e Alfred Chandler.

Fayol (1916), ao desenvolver seu conceito de administração racional, define o planejamento como a primeira e primordial atividade do administrador (Fayol, 1984). Barnard (1938), por sua vez, enfatiza a ação do executivo como um líder que deve desenhar fluxos de comunicação e facilitar a constituição de uma comunidade de propósito (*community of purpose*) na organização (Barnard, 1938). Von Neumann e Morgenstern (1944) começam a discutir e modelar o comportamento de atores racionais em situação de interação (von Neumann e Morgenstern, 1944). Simon (1945) lança uma contribuição fundamental ao mostrar os limites cognitivos dos tomadores de decisão e suas conseqüências para a economia teórica e para a análise organizacional (Simon, 1945). Selznick (1960), com sua noção de competência distintiva, antecipa as teorias de competências centrais (*core competencies*) e de capacidades dinâmicas (*dynamic capabilities*), e Chandler (1962), com sua análise detalhada da evolução das grandes empresas nos Estados Unidos e na Europa, mostra que o paradigma microeconômico revela-se insuficiente para explicar o comportamento real das firmas, devendo ser complementado por uma visão histórica detalhada (Chandler Jr., 1962 e 1992; Selznick, 1997; Chandler Jr., 1998).

Dessa forma, a estratégia empresarial nasce na década de 1960 nos Estados Unidos como uma disciplina híbrida, sofrendo influências de disciplinas como a sociologia e a economia, mas também como uma evolução de ramos específicos da teoria das organizações com claro viés prático, no contexto de formação e consolidação de escolas de administração como escolas profissionais inseridas no ambiente mais complexo das universidades americanas. Nota-se, nesse sentido, que a estratégia empresarial diferencia-se do *mainstream* da teoria organizacional por adotar mais claramente uma atitude pragmática, voltada para a ação administrativa e para a criação de modelos "fechados" de análise (SWOT, 5 Forças etc.), revelando uma visão do mundo (*weltanschauung*) fortemente influenciada por uma atitude fundada no pragmatismo americano de William James (1842-1910) de John Dewey (1859-1952) (James, 1978; James, Bowers et al., 1978; Dewey, 1997; James e Gunn, 2000).

Entretanto, esse nascimento tardio não significou que a disciplina não tenha se desenvolvido rapidamente. Ao contrário, numerosas tendências e escolas em estratégia se sucederam ao longo dos 40 anos que separam a década de 1960 dos dias atuais. O modelo SWOT (Andrews, 1971), as análises econômicas de estrutura-conduta-performance (Porter, 1981), a idéia de competência distintiva (Selznick, 1997) derivando de competências centrais (Prahalad e Bettis, 1986; Prahalad e Hamel, 1990) e de capacidades dinâmicas (Teece e Pisano, 1994), os modelos clássicos de análise de indústria (Porter, 1980) e os sistemas de planejamento estratégico (Ansoff, 1970, 1979 e 1984) são apenas alguns dos conceitos que emergiram e continuam fortemente influentes no campo da estratégia empresarial. Teoria de recursos (Wernerfelt, 1984; Barney, 1986, 1986a e 1986b; Montgomery e Wernerfelt, 1988; Montgomery, Wernerfelt et al., 1989; Wernerfelt, 1989; Barney, 1991; Montgomery e Wernerfelt, 1991; Montgomery e Hariharan, 1991; Montgomery e Porter, 1991; Wernerfelt, 1995; Barney, 1997 e 2001; Barney, Wright et al., 2001; Barney, 2002; Montgomery e Kaufman, 2003), aprendizagem (Argyris e Schön, 1978; Argyris, 1991), teoria dos jogos (Ghemawat, 1995), economia institucional (North, 1981), teoria da agência (Jensen, 1986 e 1993), custos de transação (Williamson, 1975 e 1981) e análise de redes (Granovetter, 1973; Burt, 1976 e 1980; Granovetter, 1983 e 1985; Burt, 2003 e 2004) são outras abordagens teóricas usadas correntemente por acadêmicos e consultores especializados em estratégia empresarial com o fim de gerar uma profusão de modelos prescritivos para orientar a tomada de decisão de executivos e discursos analíticos que criticam tais modelos.

Não obstante essa marcante diversidade interna, o campo de estratégia empresarial tem sido também bastante permeável às teorias oriundas de outros campos de conhecimento fora dos domínios tradicionais da administração de empresas, tais como a história militar, a física teórica, a biologia evolucionária, a ciência cognitiva, a inteligência artificial ou ainda, a psicologia educacional (Betton e Dess, 1985; Senge, 1990; Senge e Lannon, 1990; Waldrop, 1992; Bettis e Prahalad, 1995; Hamel e Prahalad, 1996; McKelvey, 1999; Waldrop, 2000; Walker, 2002). Tal permeabilidade adiciona ainda mais complexidade e ambigüidade ao quadro teórico da disciplina.

No entanto, apesar do caráter dinâmico dessa proliferação de teorias alternativas, parece claro que a complexidade teórica da disciplina cresce cada vez mais e começa a colocar problemas para os pesquisadores e para os professores engajados no ensino da disciplina, assim como para os executivos que se vêem cercados por teorias alternativas muitas vezes contraditórias entre si.

Modelos Metateóricos em Estratégia Empresarial

Uma conseqüência natural da proliferação das abordagens que descrevemos é o aparecimento e a difusão de modelos de classificação e comparação entre as teorias, ao que chamaremos aqui de modelos metateóricos, dada a sua intenção de se colocar acima das diversas teorias e definir critérios de diferenciação entre elas.

Um primeiro corte analítico revela que algumas das teorias de estratégia empresarial são fortemente influenciadas pelos pressupostos econômicos de decisão racional e pela idéia do mercado como um sistema auto-regulado de alocação de recursos escassos. Entretanto, também fica claro que outras teorias se caracterizam pela crítica sistemática do modelo economicista, crítica essa baseada em uma perspectiva sociológica que valoriza a inserção social e cultural das organizações, bem como as contingências não-racionais e não-intencionais da tomada de decisão. Exemplos típicos dessa polaridade podem ser encontrados na comparação da obra de Michael Porter, que usa uma base teórica oriunda da economia industrial (Porter, 1985), com a obra de Henry Mintzberg, que faz apelo a conhecimentos de sociologia e ciência política para analisar o fenômeno do poder e sua influência na determinação das configurações organizacionais e na natureza do trabalho gerencial (Mintzberg, 1973, 1978, 1979 e 1983).

O quadro a seguir mostra passagens ilustrativas dessas duas orientações:

Quadro 1.1 – Orientações econômicas e sociológicas em estratégia

Porter e a orientação econômica: "A estratégia competitiva refere-se a ser diferente. Isso significa escolher deliberadamente um conjunto de atividades diferenciadas para produzir um conjunto excepcional de produtos." (Porter, 1996, p. 64 – Tradução livre do autor).
Mintzberg e a orientação sociológica: "Estratégia não é apenas o conceito de como lidar com o inimigo ou com um conjunto de competidores no mercado, conforme é tratado normalmente na literatura e no uso popular. Isso nos leva a conceitualizar organizações como instrumentos de percepção e ação coletiva." (Mintzberg in Mintzberg & Quinn, 1996, p. 17. – Tradução livre do autor).

Essas passagens ilustram algumas das diferenças fundamentais entre as duas orientações. Para Porter, a estratégia é uma escolha racional e deliberada de um posicionamento estratégico por meio de um sistema de atividades diferenciado (Porter, 1996). Para Mintzberg, essa definição não é adequada, por ignorar os aspectos cognitivos e sociais que condicionam a ação estratégica (Mintzberg, 1994).

Muito poderia ser escrito, contrastando as visões de Porter e Minzberg; no entanto, tendo em vista a diversidade de outros autores, logo fica claro que essa primeira classificação baseada na dicotomia economia/sociologia revela-se excessivamente simplificadora para dar conta das diferenças entre as muitas teorias em uso corrente no campo da estratégia empresarial. Em face dessa questão, diversos autores tentaram elaborar modelos de classificação das teorias em estratégia empresarial; entre eles, podemos citar os trabalhos de Doz e Prahalad (1991), Whittington (1993), Bettis e Prahalad (1995) e Mintzberg, Ahlstrand e Lampel (1998). Entre a produção acadêmica nacional, podemos citar também o modelo teórico desenvolvido por Vasconcelos e Cyrino (2000). Uma breve revisão das características dessas classificações servirá de base para a pesquisa empírica que desenvolvemos neste trabalho.

Em 1991, Doz e Prahalad fazem uma revisão das diversas correntes em teoria organizacional que podem alimentar a pesquisa sobre estratégia em empresas multinacionais diversificadas. Sua análise baseia-se em uma lista de correntes teóricas composta dos seguintes elementos: a) análise de custos de transação; b) teoria da agência; c) ecologia populacional; d) teoria institucional; e) teoria da contingência; f) relações de poder e adaptação; e, finalmente, g) aprendizagem organizacional.

Whittington (1993) elabora um modelo teórico bem mais sofisticado, classificando as teorias de estratégia empresarial em duas dimensões básicas: a natureza do processo de formação da estratégia e os resultados (*outcomes*) da estratégia. Em função dessas duas dimensões, Whittington identifica quatro correntes principais em estratégia: clássica, sistêmica, processual e evolucionária (Whittington, 1993).

Mintzberg, Ahlstrand e Lampel (1998) empreendem o que pode ser visto como a mais ambiciosa das classificações de teorias em estratégia aqui analisadas. Seu livro *Safári de estratégia* (*Strategy safari*) é o resultado da revisão de mais de 2.000 itens de bibliografia na área (Mintzberg, Lampel et al., 1998; Mintzberg, Ahlstrand et al., 2000). O resultado desse extenso estudo é um modelo de classificação de teorias que distribui 40 anos de produção em estratégia empresarial em 10 escolas:

- A escola de Design, reunindo teorias que enfatizam o caráter conceitual da estratégia empresarial.
- A escola de Planejamento, enfatizando os aspectos formais, estruturados e numéricos do processo de formação de estratégia.
- A escola de Posicionamento, que vê a estratégia como a escolha deliberada de posicionamentos competitivos por meio de processos analíticos de decisão.
- A escola Empreendedora, focalizando o papel dos líderes carismáticos e dos empreendedores visionários.

- A escola Cognitiva, que trata a estratégia do ponto de vista dos processos mentais envolvidos na sua elaboração e implementação.
- A escola de Aprendizagem, que apresenta a estratégia como um processo exploratório baseado em tentativa e erro.
- A escola de Poder, que desvenda os interesses e as negociações por trás da elaboração das estratégias das empresas.
- A escola Cultural, que mostra a inserção humana e social das organizações e das suas formas de estratégia.
- A escola Ambiental, que enfatiza o papel determinante do ambiente nas estratégias das empresas.
- A escola de Configuração, que faz uma síntese das nove escolas anteriores, enfatizando o caráter transitório e contextual das estratégias.

Esse modelo encontrou bastante respaldo entre a comunidade acadêmica e profissional, o que transformou o *Safári de estratégia* em um dos livros *best-sellers* da área.

Finalmente, o modelo apresentado por Vasconcelos e Cyrino (2000) desenvolve uma visão das teorias estratégicas focada na noção de performance e vantagem competitiva. Esses autores sugerem que as teorias de estratégia empresarial podem ser classificadas em dois eixos principais.

O primeiro eixo classifica os estudos segundo sua concepção da origem da vantagem competitiva. Dois casos são assim identificados: (1) as teorias que consideram a vantagem competitiva como um atributo de posicionamento exterior à organização, derivado da estrutura da indústria, da dinâmica da concorrência e do mercado, e (2) os que consideram a *performance* superior como um fenômeno decorrente de características internas da organização.

A segunda dimensão discrimina as abordagens segundo suas premissas sobre a concorrência. Assim, uma divisão se faz entre os pesquisadores com uma visão estrutural, essencialmente estática da concorrência, fundada na noção de equilíbrio econômico, e entre os pesquisadores que enfocam os aspectos dinâmicos e mutáveis da concorrência, acentuando fenômenos como inovação, descontinuidade e desequilíbrio (Vasconcelos e Cyrino, 2000).

A característica comum entre todos os modelos aqui analisados é que eles são modelos *a priori*, isso é, modelos oriundos da análise teórica dos autores e que se propõem a agrupar teorias de acordo com o vínculo lógico que eles constroem intelectualmente. Embora essa maneira de classificar teorias seja válida e relevante, propõe-se neste trabalho uma abordagem alternativa, baseada em um procedimento empírico.

Para Além das Classificações *a priori* – Construindo um Modelo Empírico de Classificação

Neste estudo, partimos da idéia de que investigar os pressupostos que os executivos têm sobre o processo de formação de estratégia pode ajudar a reorganizar e reconstruir os modelos e *frameworks* que utilizamos para sistematizar e entender melhor as teorias de estratégia empresarial.

Para tanto, partimos da tipologia do *Safári de estratégia*, de Mintzberg, Ahlstrand e Lampel. A escolha dessa classificação como ponto de partida para o estudo empírico justifica-se por ela ser a mais ampla entre todas as que analisamos, incluindo teorias diversas de origens distintas, da antropologia à biologia. Partir da base teórica mais ampla possível é desejável para não limitar os possíveis resultados da pesquisa empírica.

Inicialmente, tomamos cada uma das escolas do *Safári de estratégia* e identificamos seus pressupostos básicos sobre o processo de estratégia. Excluímos dessa análise a escola de Configuração, especialmente por ela ser essencialmente uma síntese das outras nove escolas, de acordo com a própria análise de Mintzberg, Ahlstrand e Lampel. As premissas identificadas estão no Quadro 1.2.

Quadro 1.2 – Pressupostos das escolas de estratégia

Escola	Pressupostos
A escola de Design	O processo de formação de estratégia é conceitual e informal, avaliando forças e fraquezas, oportunidades e ameaças.
A escola de Planejamento	O processo de formação de estratégia dispõe de instrumentos formais e numéricos, seguindo um modelo de planejamento.
A escola de Posicionamento	O processo de formação de estratégia é um processo analítico, que privilegia a análise da estrutura da indústria na qual a empresa está.
A escola Empreendedora	A estratégia da empresa é informal e baseia-se no seu líder e em sua visão.
A escola Cognitiva	A empresa elabora novas estratégias, com novos conceitos e inovações radicais.
A escola de Aprendizagem	A estratégia da empresa evolui em um processo interativo de tentativa e erro.
A escola de Poder	A estratégia da empresa é abertamente influenciada por relações de poder.
A escola Cultural	A cultura da empresa influencia a sua forma de ver o mundo e definir suas estratégias.
A escola Ambiental	O ambiente é determinante para a estratégia da empresa por meio de comportamentos isomórficos (pressões institucionais).

Com base nesses pressupostos, elaboramos um questionário de 29 questões, seguindo o formato das escalas de Likert (7 pontos), com questões relacionadas aos pressupostos de cada uma das nove escolas listadas no Quadro 1.2. Foram realizadas 195 entrevistas com executivos em nível de direção, em empresas das cidades de São Paulo, Campinas e Rio de Janeiro, entre setembro e outubro de 2000. Entre as empresas pesquisadas, encontramos multinacionais como 3M, Accor, AGA, AGF, American Express, Andersen Consulting, Atlas-Copco, Avaya, Basf, Caterpillar, Colgate-Palmolive, DuPont, General Motors, Hewlett-Packard, IBM, Novartis, Siemens, Sun Microsystems, Tetra Pak, Valeo e Volkswagen. Também integram a amostra grupos nacionais como Ambev, Banco Itaú, Gradiente e Rede Globo, bem como algumas empresas de pequeno e médio portes. A identidade de algumas das empresas respondentes foi mantida em sigilo, a seu pedido.

Metodologia – Análise Fatorial como Instrumento de Investigação Teórica

Nessa pesquisa, usamos a técnica de análise fatorial como instrumento de pesquisa teórica de validação de conceitos desenvolvidos pela análise teórica. Análise fatorial é o nome genérico dado em estatística a um conjunto de técnicas que visam determinar a estrutura subjacente em uma matriz de dados. Em termos gerais, uma análise fatorial parte da análise das correlações entre certo número de variáveis (matriz de correlações), definindo dimensões subjacentes (*underlying dimensions*) chamadas fatores. Esses fatores podem ser usados como instrumentos para a redução e o agrupamento das variáveis inicialmente computadas (Hair, Tatham et al., 1998).

O argumento teórico relacionado a essa técnica é que as variáveis que apresentam elevada interdependência, na verdade, são medidas diversas de um mesmo fenômeno, podendo ser agrupadas em uma variável composta a partir de combinações lineares das variáveis iniciais. Em outras palavras, o objetivo da análise fatorial é expressar a matriz de co-variância de um conjunto de variáveis observadas, em termos de um grupo menor de variáveis implícitas, não-observáveis, chamadas fatores (Johnson e Wichern, 2002). Sua utilidade como instrumento de pesquisa está justamente na capacidade de detectar relações entre as variáveis, o que, com uma análise qualitativa adequada, pode levar à reconstrução dos conceitos que deram origem às variáveis iniciais.

O procedimento adotado nessa pesquisa seguiu uma série de etapas definidas:

1. Criar questões visando medir, em uma escala de Likert (7 pontos), o grau de concordância dos respondentes com afirmativas representativas do pensamento de cada uma das 9 escolas pesquisadas. Isso foi feito nas 29 questões que compuseram o questionário básico.
2. Criar uma série de indicadores para calcular o nível de concordância geral de cada respondente com os pressupostos de cada uma das 9 escolas de estratégia, a partir do agrupamento das questões definidas no item 1.
3. Analisar a média e a dispersão das variáveis compostas elaboradas no item 2.

4. Aplicar um procedimento de análise fatorial para analisar a matriz de co-variância das variáveis, verificando a possibilidade de reelaboração conceitual do modelo inicial.
5. Analisar os impactos teóricos da reelaboração conceitual descrita no item 4.

Resultados Empíricos e Análise de Dados

Os resultados dessa pesquisa empírica mostram que a concordância média dos executivos em relação aos pressupostos de cada uma das nove escolas pesquisadas não foi radicalmente diferente. Todas as escolas computaram resultados na faixa intermediária superior da escala de Likert. Os resultados variaram entre 4,31 de concordância média para a escola de aprendizagem até 5,05 de concordância média para a escola empreendedora. Esses resultados sugerem, em uma primeira análise, que nenhuma das escolas é sistematicamente rejeitada nem é unanimemente aceita. A variabilidade das respostas, expressa pelo desvio padrão dos índices de cada escola, também é semelhante. Estes resultados mostram claramente a necessidade de uma análise mais aprofundada dos dados:

Tabela 1.1 – Estatísticas Descritivas das Escolas em Estratégia

Descriptive Statistics

	Mean	Std. Deviation	Analysis N
Design	4,9298	1,2217	195
Planning	4,7268	1,1641	195
Position	4,8376	1,0226	195
Entrepr	5,0449	1,1808	195
Cognitiv	4,7615	1,6886	195
Learning	4,3122	1,3400	195
Power	4,4359	1,3031	195
Culture	4,8224	,9310	195
Envirmnt	4,8940	1,0635	195

Em seguida, os dados passaram por uma análise fatorial exploratória, com o objetivo de investigar a estrutura subjacente da sua matriz. O objetivo foi identificar a estrutura das inter-relações (correlações) existentes entre as variáveis – cada uma delas sendo definida como o grau médio de concordância com os pressupostos de cada escola.

Um dos objetivos finais dessa análise é agrupar as variáveis que apresentam estruturas semelhantes de co-variância. Isso significa, na prática, que, se a estrutura das respostas for similar, então os conceitos medidos devem apresentar algum grau de proximidade.

Os resultados da análise fatorial por componentes principais com rotação *varimax* ortogonal gerou fatores que agruparam as nove escolas de estratégia em três grupos. O critério para a extração dos fatores foi o de *eigenvalue* raízes latentes; o *eigenvalue* de cada fator deve ser ao menos um, o que implica que cada fator deve explicar a variância de ao menos uma variável isolada.

A Tabela 1.2 mostra os *eigenvalues* iniciais e a porcentagem da variância explicada em cada um dos três fatores computados. Os três fatores tomados em conjunto explicam cerca de 67% da variância total da amostra. Em seguida, o Quadro 1.3 mostra as cargas dos fatores obtidas após a rotação *varimax*, e o Gráfico 1.1 mostra a representação tridimensional da proximidade das variáveis (concordância com os pressupostos de cada escola) em um espaço definido pelos fatores extraídos da amostra.

Tabela 1.2 – Variância explicada em cada um dos fatores (componentes) extraídos da amostra pelo método de componentes principais

Component	Initial eigenvalues	% of variance explained	Cumulative variance explained %
1	3,527	39,193	39,193
2	1,345	14,941	54,134
3	1,154	12,826	66,960
4	,950	10,561	77,521
5	,783	8,699	86,220
6	,536	5,951	92,171
7	,418	4,640	96,811
8	,231	2,569	99,380
9	5,576E-02	,620	100,000

Extraction Method: Principal Component Analysis.

Tabela 1.3 – Matriz de componentes com rotação *varimax* indicando a emergência empírica de três fatores explicativos

	Component		
	1	2	3
Design	,868	,252	–,127
Planning	,930	,149	,161
Position	,893	,246	,242
Entrepr	,114	,786	–,172
Cognitiv	,244	,806	,145
Learning	,134	,674	,172
Power	-9,20E-02	-6,92E-02	,787
Culture	,180	,9310	,637
Envirmnt	,387	1,0635	,455

Gráfico 1.1 – Representação tridimensional da proximidade das variáveis (concordância com os pressupostos de cada escola) em um espaço definido pelos fatores extraídos da amostra

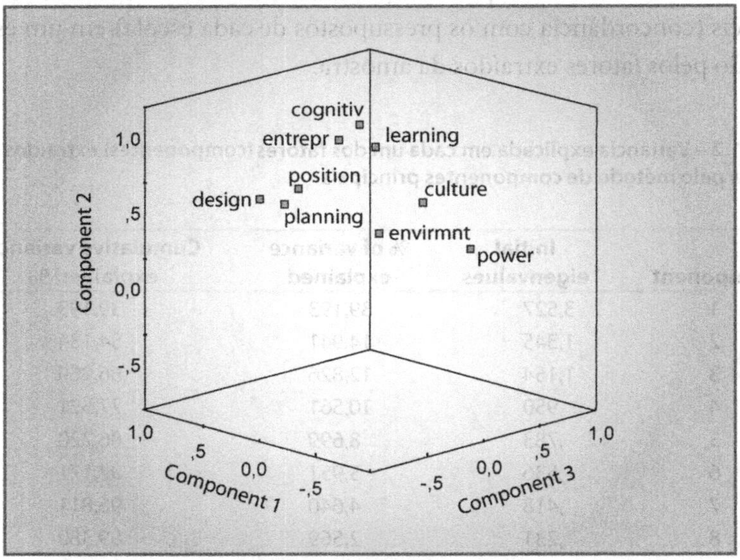

A análise da carga dos fatores resultantes da análise fatorial nos sugere que as nove variáveis estudadas podem ser agrupadas em três fatores, revelando alguns atributos comuns.

As escolas de Design, Planejamento e Posicionamento possuem pesos altos no fator 1 (0,868; 0,930; 0,893) – o que não ocorre com nenhuma outra das seis escolas – sugerindo que esse fator pode ser interpretado a partir da característica comum entre essas três escolas, que são classificadas por Mintzberg, Ahlstrand e Lampel como escolas prescritivas, que enfatizam o caráter deliberado, intencional e racional do processo de decisão estratégica. Por causa desse elemento comum, escolhemos denominar esse fator como a *dimensão racionalizante da estratégia.*

As escolas de Empreendedorismo, Cognição e Aprendizagem apresentam pesos elevados no fator 2 (0,786; 0,806; 0,674), sugerindo, como no caso anterior, que o elemento comum entre elas pode fornecer o melhor indício da interpretação do fator. No caso, essas escolas têm em comum a ênfase nas estratégias emergentes, baseadas em inovação, criação, descoberta, originalidade e mudança. Por esses motivos, interpretamos esse fator como sendo a *dimensão inovadora da estratégia.*

As escolas de Poder, Cultura e Ambiente, por sua vez, apresentam pesos maiores no fator 3 (0,787; 0,637; 0,455), sugerindo que estão relacionadas na percepção dos respondentes. Em função das características comuns das três escolas que focam os aspectos humanos, sociais e contextuais, nomeamos essa dimensão de *dimensão institucional da estratégia.*

Essa análise pode embasar uma tipologia alternativa de teorias estratégicas, que, contrariamente às outras tipologias aqui apresentadas, não se baseia na análise metateórica feita por um ou diversos autores em particular. Essa classificação seguiria o modelo apresentado no Quadro 1.3.

A dimensão racionalizante (estratégia como um plano de ação deliberado, intencional e racional) caracteriza-se por conceber a estratégia como um processo intencional, como a construção de um plano. Planejamento, análise e controle surgem como conceitos fundamentais nessa dimensão, cujo foco da estratégia, leva a privilegiar modelos enquanto construções lógicas de interpretação da realidade. Exemplos desses modelos são o modelo SWOT, os sistemas de planejamento estratégico, a análise de indústria (5 forças), a cadeia de valor, a matriz BCG, as curvas de aprendizagem e o diamante de competitividade. A evolução da dimensão racionalizante pode ser vista desde os trabalhos pioneiros de Fayol (1916) sobre a importância do planejamento e da coordenação, os trabalhos de Selznick (1957) sobre competências distintivas, a formulação por Andrews (1965) do Modelo SWOT, o desenvolvimento da teoria do planejamento estratégico, enquanto sistema de controle, por Ansoff (1965) e toda a análise de estrutura da indústria que deriva do trabalho de Porter (Ansoff, 1965; Andrews, 1971; Porter, 1979, 1980, 1981 e 1985).

A dimensão inovadora (estratégia como a busca interativa de inovação, criação e originalidade) visualiza a estratégia como um processo essencialmente emergente, enfocando visão, inovação, mudança, *insight*, coragem e aprendizado. A evolução dessa disciplina pode acontecer a partir dos trabalhos de Simon sobre a racionalidade limitada e o foco de atenção (1945), os trabalhos de Schumpeter (1950) e dos outros membros da escola austríaca de economia (Schumpeter, 1934 e 1982), da teoria comportamental da firma de Cyert, March e Feigenbaum (1963), chegando até o incrementalismo lógico de Brian Quinn (1980) e à idéia de competências centrais de Hamel e Prahalad em 1990 (Cyert e March, 1963; Quinn, 1980; Hamel, Doz et al., 1989; Hamel e Prahalad, 1989, 1990 e 1993).

Finalmente, a dimensão institucional (estratégia como processo de adaptação a fatores humanos, sociais e contextuais, dentro de uma lógica de institucionalização) focaliza os conceitos de adaptação e conformidade. Partindo da noção weberiana de modernização como um processo de racionalização permeando todas as esferas da vida social, passando pela noção de análise funcional na antropologia de Malinowski e na sociologia de Parsons, a dimensão do contexto social ganha força em estratégia empresarial a partir de Barnard (1938) e a sua noção de *Community of purpose*, da teoria da contingência (Lawrence e Lorsch, 1967; Thompson, 1967), da visão de cultura organizacional de Schein (1984), chegando a uma visão fundamentalmente baseada na teoria neo-institucionalista (Powell e DiMaggio, 1991).

Essas dimensões estão sumarizadas no Quadro 1.3.

Quadro 1.3 – Uma classificação empiricamente fundada nas teorias de estratégia

Dimensão	A. Natureza da estratégia B. Conceitos-chave C. Ênfase no processo de estratégia	Autores fundamentais na constituição dessa dimensão
A dimensão intencional (estratégia como plano de ação deliberado, intencional e racional)	A. Intencionalidade B. Planejamento, análise e controle C. Privilégio de modelos enquanto construções lógicas de interpretação da realidade (SWOT, planejamento, SCP, análise de Indústria, cadeia de valor, matriz BCG, curvas de aprendizagem, diamante de Porter)	Fayol (1916) Selznick (1957) Andrews (1965) Ansoff (1965) Porter (1980, 1985) Ghemawat (2000)
A dimensão de inovação (estratégia como a busca interativa por inovação, criação e originalidade)	A. Emergência B. Visão, inovação, mudança, *insight*, coragem, aprendizado C. Privilégio da ação, do aprendizado interativo em relação aos modelos lógicos	Simon (1945) Schumpeter (1950) March e Simon (1958) Lindblom (1959) Cyert, March e Feigenbaum (1963) Weick (1969) Tversky (1980) Brian Quinn (1980) Hamel e Prahalad (1990)
A dimensão institucional (estratégia como processo de adaptação a fatores humanos, sociais e contextuais)	A. Adequação B. Equilíbrio, cultura, poder, enação C. Privilégio à adaptação reativa, à procura de uma coerência entre demandas concorrentes do indivíduo, da empresa e do ambiente	Weber (1904) Barnard (1938) Malinowski (1939) Parsons (1976) Lawrence & Lorsch (1967) Thompson (1967) Allison (1971) Hannan e Freeman (1977) Pfeffer e Salancick (1978) Schein (1984) Powell & DiMaggio (1991)

Esse modelo, explicando a teoria estratégica a partir de três *clusters* de teorias, detém duas vantagens fundamentais: simplicidade e uma fundamentação empírica. Mas as conseqüências desse estudo não param nessa construção alternativa.

O *Safári de Estratégia* – Questões Bizantinas e a Síndrome do Ornitorrinco

O ornitorrinco (*Ornithorhynchus anatinus*) é um animal nativo da Austrália, mamífero que apresenta poucas semelhanças com os outros de sua espécie. O ornitorrinco é um pequeno carnívoro ovíparo, com bico semelhante ao de um pato, pelagem marrom densa, pés como nadadeiras com um esporão na ponta e cauda chata como a de um castor. Esse animal tem sido descrito por alguns como uma estranha combinação de um pato com um castor.

Mas qual a relação de um ornitorrinco com as teorias de estratégia que analisamos aqui?

Mintzberg, Ahlstrand e Lampel, ao desenvolverem suas 10 escolas de pensamento em estratégia, atribuem um animal típico a cada escola. A escola de Design é associada a uma aranha; a escola de Planejamento, a um esquilo; a escola de Posicionamento a um búfalo; a escola Empreendedora, a um lobo; a escola Cognitiva, a uma coruja; a escola de Aprendizagem, a um macaco; a escola de Poder, a um leão; a escola Cultural, a um pavão; a escola Ambiental, a um avestruz; e, finalmente, a escola de Configuração, a um camaleão.

Assim, nossa pesquisa sugere que, diferentemente do que propõem Mintzberg, Ahlstrand e Lampel, um ornitorrinco seria uma metáfora adequada para resumir como os executivos viram as nove escolas de pensamento estratégico presentes em nossa pesquisa. Em vez de consistentemente aderirem a uma única escola de estratégia, os executivos parecem concordar parcialmente com todas elas, adotar uma postura pragmática e combinar partes dos diversos modelos e das diversas escolas citadas, de acordo com a sua situação prática, segundo critérios *ad hoc*. Em resumo, no lugar de adotar um animal existente (uma única escola), os executivos parecem querer compor seu próprio animal – como um ornitorrinco – feito de partes de outros animais.

Os executivos adotam uma postura que privilegia a utilidade prática sobre a coerência teórica. Um *insight* revelador nesse sentido pode ser visto nos dados que coletamos nessa pesquisa. Uma análise mostra que existe uma correlação positiva bastante clara entre (correlação de 0,786 com nível de significância 0,01) a adoção dos pressupostos da escola de *Design* e a adoção dos pressupostos da escola de Planejamento. Mas essas escolas, na visão de Mintzberg, Ahlstrand e Lampel, teriam propostas *contraditórias*. A escola de Design seria caracterizada por uma formulação de estratégia *simples e conceitual* e a escola de Planejamento seria caracterizada pela *formalização e pela quantificação*. Os executivos que participaram da nossa pesquisa não parecem particularmente preocupados com a contradição entre essas duas vertentes. As amargas disputas entre os teóricos das escolas de estratégia parecem não passar, aos olhos desses executivos, de questões bizantinas. Tão etéreas quanto as discussões teológicas que afligiam a unidade política do antigo império romano do Oriente (Norwich, 1998), essas questões aparentemente não angustiam os executivos na prática da tomada de decisão estratégica.

Essas inconsistências no nível teórico podem ser explicadas por meio de estudos sobre os limites da decisão racional, sobre preferências inconsistentes e sobre a natureza interativa dos processos de formação de sentido (*sensemaking*) nas organizações (Tversky e Kaneman, 1974; Coleman, 1985; Weick, 1995).

Finalmente, dado que a mente dos estrategistas parece funcionar bem com inconsistências, paradoxos, paradigmas múltiplos e modelos conflitantes, chamamos a atenção para o que denominamos "a síndrome do ornitorrinco", a perspectiva de que, em vez dos animais previstos por Mintzberg, Ahlstrand e Lampel, é provável que encontremos criaturas realmente estranhas quando comparamos os modelos teóricos com a prática da estratégia. No entanto isso não deve ser tomado como um sinal de irracionalidade da prática, mas como um lembrete de que ela está repleta de contingências e que as teorias são freqüentemente simplificadoras demais para dar conta de todas as complexidades econômicas, técnicas e humanas da estratégia empresarial.

Sobre o Papel da Ambigüidade e da Contradição nas Organizações

Para Simon e March, a percepção do ambiente externo pela organização não ocorre por fatos objetivos, inequivocamente destilados da realidade externa, mas, sim, por um processo contínuo de interpretação, no qual a natureza incompleta da racionalidade limitada gera uma contingência intrínseca (March e Simon, 1993). O mundo passa a existir na organização como reflexo dos seus conceitos internos, o que gera uma limitação na capacidade organizacional de julgamento, enquanto objetividade inquestionável. A ambigüidade passa a ser um elemento indissociável da vida organizacional, como conseqüência direta dos limites cognitivos do ser humano.

A questão da ambigüidade em organizações toma ainda uma nova direção a partir do final da década de 1960, com o trabalho de Karl Weick, que faz da noção de ambigüidade (*equivocality*) um dos pilares de sua teoria cognitiva das organizações.

Segundo Weick, as organizações assemelham-se a quebra-cabeças porque se prestam a múltiplas interpretações, freqüentemente conflitantes.

Nesse sentido, os trabalhos de Simon, March e Weick apontam caminhos para construção de uma teoria mais sofisticada, capaz de explicar as ambigüidades (*equivocalities*) encontradas na prática de decisão em estratégia empresarial. O argumento aqui sugerido é que as inconsistências e a ambigüidade no nível teórico (mais precisamente as incompatibilidades entre os pressupostos teóricos) podem ser explicadas a partir de uma visão interativa dos processos cognitivos de construção do sentido (*sensemaking*) nas organizações. Esses estudos mostram que a ambigüidade e a contradição das representações cognitivas são, na verdade, características indispensáveis (e inevitáveis) do processo de cognição organizacional ao estabelecimento e à evolução contínua de uma "mente coletiva".

Essa última proposição nos remete a um dos princípios gerados no contexto da teoria dos sistemas, na década de 1950. Um dos fundadores da cibernética, W. Ross Ashby, formulou o princípio da variedade requerida, segundo o qual a complexidade de um mecanismo de controle deve ser proporcional à complexidade (variedade) do meio ambiente. Esse princípio veio a ser na década de 1960 uma das bases da teoria da contingência.

De maneira análoga ao que foi colocado por Ashby, podemos sugerir, parcialmente baseados em Weick, que a complexidade ambiental em sistemas interpretativos leva não à complexidade estrutural dos mecanismos de controle (tese aceita por Talcott Parsons), *mas ao crescimento da ambigüidade (equivocalidade) como forma de aumentar a gama de respostas possíveis*, que progressivamente serão testadas e avaliadas (algumas sendo retidas e outras, descartadas), levando à progressiva redução da ambigüidade original em uma resposta evolutiva, perfazendo um processo dinâmico de cognição coletiva.

Podemos então pensar na possibilidade de um princípio de ambigüidade requerida (*requisite equivocality*), formalmente análogo ao princípio original de Ashby, mas no qual a ambigüidade é substituída pela complexidade do sistema de controle. Nesse sentido, ambigüidade e contradição não seriam disfunções devidas a treinamento ou educação insuficientes, e sim estratégias cognitivas emergentes para lidar com situações complexas de decisão. Essa hipótese é uma via de pesquisa que vale a pena ser investigada em trabalhos futuros.

Tendo em vista o papel fundamental da ambigüidade na prática da estratégia, no próximo capítulo, desenvolvemos uma fundamentação teórica da abordagem interpretativa no estudo de estratégia, levando em consideração que ambigüidade e multiplicidade podem ser mais bem explicadas por uma abordagem interpretativa.

Capítulo 2

Interpretação – A Construção Institucional das Estratégias e o Caso da Internet no Brasil

"Embora predominante no campo de estratégia empresarial, a abordagem objetivista da realidade social não é a única alternativa epistemológica e metodológica possível. Abordagens interpretativas aplicadas à estratégia foram sugeridas por diversos autores, desde as décadas de 1960 e 1970." Este capítulo procura sistematizar as principais conseqüências da abordagem interpretativa em estratégia empresarial, focando as suas conseqüências na prática da decisão estratégica. Destacamos especialmente três efeitos: o abandono do pressuposto teórico segundo o qual as organizações devem se adaptar aos seus ambientes, a redefinição de oportunidades, ameaças e restrições a partir da teoria cognitiva e a maior ênfase dada atualmente no campo de estratégia aos processos de tomada de decisão, em lugar da adoção de modelos formais.

A partir dessa revisão teórica e da definição da abordagem cognitivista, utilizamos a teoria neo-institucional para avaliar os estilos estratégicos das empresas atuantes na internet no Brasil. Pretendemos, assim, ilustrar aspectos práticos da pesquisa em estratégia, a partir de uma abordagem interpretativa.

Introdução

A maioria das teorias de estratégia empresarial, notadamente as de base econômica, como a escola de organização industrial (Bain, 1956; Porter, 1981), a economia de custos de transação (Williamson, 1975, 1976 e 1981), a teoria econômica da agência ou a teoria dos recursos (Wernerfelt, 1984; Barney, 1986; Wernerfelt, 1989) é baseada em uma abordagem objetivista da realidade social, na qual essa é vista como um elemento objetivo, concretamente determinado por forças impessoais.

Em um estudo clássico sobre os paradigmas sociológicos que fundamentam as diversas correntes de teoria organizacional, Gibson Burrell e Gareth Morgan definem objetivismo em ciências sociais como a conjunção de quatro características fundamentais (Burrell e Morgan, 1979), sendo elas:

1 – Uma visão ontológica realista – a crença de que o mundo social é formado por estruturas – instituições, mercados, organizações – que independem da cognição dos indivíduos, e que elas são realidades empíricas preexistentes à consciência do sujeito individual e superiores a ele em grau de generalidade.

2 – Uma visão epistemológica positivista – a existência de uma realidade objetiva (física e social) acompanhada da confiança no progresso da ciência em sua marcha para desvendar essa verdade objetiva.

3 – Uma visão determinista da natureza humana – o argumento segundo o qual a ação humana é determinada pelas condições ambientais e que a postura humana face a esse ambiente é essencialmente reativa. Essa visão corresponde ao que o sociólogo britânico Zygmunt Bauman chamou de "uma ciência da não-liberdade" (Bauman, 1977), na qual se atribui à atividade humana a condição de variável dependente.

4 – Uma metodologia nomotética – o pressuposto de que o mundo social apresenta regularidades observáveis, que podem ser expressas em termos de princípios formais similares às leis que governam as ciências naturais. A decorrência lógica dessa abordagem é que a pesquisa em ciências sociais deve ser sistematicamente controlada por protocolos de pesquisa e métodos quantitativos, visando identificar as regularidades que darão origem à comprovação empírica dos modelos teóricos.

Embora predominante no campo de estratégia empresarial, a abordagem objetivista da realidade social não é a única alternativa epistemológica e metodológica possível em ciências sociais. Abordagens interpretativas aplicadas à estratégia foram sugeridas por diversos autores, desde as décadas de 1960 e 1970. Uma das primeiras abordagens nesse sentido pode ser atribuída ao trabalho pioneiro de Tom Burns e George Stalker, no *Tavistock Institute* de Londres que, no início da década de 1960, sugeriam que as organizações podem ser vistas como sistemas de interpretação do meio ambiente (Burns e Stalker, 1961).

Na década de 1970, outros autores clássicos, como Miles e Snow, também apresentaram modelos teóricos nos quais a realidade social era vista a partir de perspectivas em que a interpretação apresenta um papel mais importante. No modelo de Miles e Snow, organizações são concebidas como entidades adaptativas, engajadas em um processo contínuo de reavaliação de objetivos (Miles, Snow et al., 1978).

Apesar do grande impacto da tipologia estratégica de Miles e Snow, os aspectos interpretativos do seu modelo de adaptação, na verdade, geraram um efeito bastante reduzido, tendo sido pouco abordados na literatura.

Outros autores procuraram sistematizar as relações entre estratégia empresarial e uma abordagem interpretativa. Entre eles, destaca-se o trabalho de Smircich e Stubbart, que aborda como a teoria em estratégia empresarial tem tratado a questão dos ambientes organizacionais. Smircich e Stubbart (1985) afirmam que existem três grandes abordagens sobre a natureza dos ambientes organizacionais:

- **Ambientes objetivos** – Com base na dicotomia organização/ambiente, essa visão postula que organizações estão inseridas em ambientes organizacionais com existência própria, objetiva e independente da organização. Ambientes sob essa perspectiva são forças às quais a organização deve se adaptar, se alinhar ou tentar controlar. A maior parte da literatura em estratégia empresarial pode ser classificada nessa categoria, desde as análises conceituais baseadas no modelo SWOT (Andrews, 1997), até o clássico modelo das 5 forças (Porter, 1980), passando pelas técnicas de planejamento quantificado (Ansoff, 1965). Nessa visão, estratégia pode ser concebida, em última análise, como um esforço racional de adequação entre "organização" e "ambiente".

- **Ambientes percebidos** – Uma parcela minoritária da literatura em estratégia empresarial tem uma visão menos objetivista sobre a natureza dos ambientes, baseada no conceito de racionalidade limitada (Simon, 1945 e 1960) e em suas conseqüências para a lógica da tomada de decisão estratégica. É importante notar que, nessa visão, o ambiente continua sendo um elemento objetivo, externo à organização. A mudança fundamental é que a organização não tem mais acesso a ele em sua totalidade, tendo em vista as limitações impostas pela noção de racionalidade limitada.
- **Ambientes socialmente construídos (*Enacted*)** – Outra parcela (também minoritária) da literatura adota uma abordagem interpretativa, que se diferencia da abordagem objetivista por defender a idéia de que ambiente e organização são criados juntos, em um processo de construção social da realidade, pelos atores-chave na organização e fora dela. Em uma perspectiva interpretativa, ambientes não existem como entidades independentes. Os pressupostos básicos de uma visão interpretativa da estratégia empresarial são apresentados a seguir.

As Bases de uma Abordagem Interpretativa em Estratégia

A origem da teoria interpretativa moderna pode ser remetida à obra de Max Weber e sua proposta de sociologia interpretativa. Weber originariamente adota uma posição intermediária entre o objetivismo e o subjetivismo, quando propõe a adoção de um modo capaz de combinar esses dois pólos. Ele se posiciona distintamente contra a validade absoluta das leis gerais em ciências sociais sem, no entanto, negar que os métodos quantitativos têm importante papel na generalização do conhecimento. Weber coloca também que a abordagem objetivista, ao generalizar leis causais de comportamento a partir de um conjunto de variáveis observadas, deixa de levar em conta a dimensão individual e significativa da ação humana e a reduz a simples mecanismos automáticos que não explicam eficazmente a evolução da sociedade.

Segundo Weber,

1 – O conhecimento das leis sociais, das suas regularidades e das relações causais não representa a totalidade do conhecimento da realidade social ou a única forma possível, mas é uma entre outras formas possíveis de se organizar o pensamento;

2 – Não é possível conceber o conhecimento dos eventos culturais e sociais sem que ele esteja fundamentado na significação real contextual dos atos sociais, sempre estruturados de modo singular e específico.

Weber adota então uma concepção de sociologia que dá lugar primordial à interpretação na explicação causal dos fenômenos. No entanto, apesar desse foco qualitativo, propõe o uso de métodos nomotéticos como parâmetro de avaliação e de generalização das interpretações. Essa construção visa o reforço mútuo dos aspectos objetivo e subjetivo da realidade na construção do conhecimento social (Weber, 1990).

Alfred Schütz continuou a tradição da sociologia interpretativa de Weber, trazendo alguns elementos essenciais da análise fenomenológica de Husserl, adotando assim uma posição ontológica mais subjetivista que a sugerida por Weber, por estar especialmente interessado na percepção dos atores sociais (Schütz, 1987). Dessa forma, segundo esse pesquisador, todo conhecimento, seja na vida cotidiana seja pensamento científico, é articulado a partir de um jogo de abstrações, generalizações, formalizações e idealizações específicas para cada nível de articulação do pensamento. Nessa perspectiva, eventos sociais não podem ser tratados como "coisas" dentro de um procedimento objetivo, como propunha Durkheim, quando conclamava os sociólogos a tratarem os fatos sociais de tal modo. A análise weberiana discorda dessa posição de Durkheim.

Conseqüentemente, o conceito de tipificação é tratado por Schütz como uma categoria epistemológica aplicada a todo tipo de conhecimento e não só à análise sociológica. Em sua sociologia todo conhecimento corresponde a uma forma de tipificação; assim sendo, toda interpretação é fundamentada em experiências prévias, próprias ao sujeito ou transmitidas a ele pela família, pela educação, pelas leituras, pela influência de certos círculos sociais etc. Esses atos de conhecimento constituem sistemas de referências a partir dos quais os indivíduos agem e organizam suas ações. Como podemos ver, esse repertório de conhecimento (a base de tipificação) é individualmente variável, fazendo com que cada pessoa tenha uma perspectiva da realidade que lhe é própria. Schütz recorre ao trabalho de William James e retoma a definição de subuniversos de significação, que ele define como um conjunto de significados:

> Todos os universos de significação – o mundo dos sonhos, das imagens, da imaginação e, particularmente o mundo da arte, da experiência reli-

giosa, o mundo da contemplação científica (...) são universos delimitados de significados. Isso representa que (a) cada universo de significação (mundo) tem um estilo cognitivo próprio, que (b) todas as experiências no interior de cada um desses mundos são consistentes em si, e que (c) cada uma dessas províncias limitadas de significação pode salientar certos aspectos particulares da realidade (Schütz, 1953, p. 131).

A consistência das experiências no contexto de províncias limitadas de significação subsiste dentro de toda província. A passagem de um universo de significação para o outro exige um "salto", pois nada garante a compatibilidade dos subuniversos, o que abre espaço para uma visão relativista da realidade social.

Fundamentados nos trabalhos de Weber e Schütz, Peter Berger e Thomas Luckmann criam uma das mais conhecidas teorias da construção do conhecimento na vida cotidiana (Berger e Luckmann, 1967). Na visão desses autores, a relação entre o conhecimento e sua base social é dialética, o que significa que o conhecimento é um produto social e que, ao mesmo tempo, é um fator de mudança social.

Seguindo a linha proposta por Weber, Schütz, Berger e Luckmann, denominamos interpretativa toda análise social que vê a dinâmica das ações humanas como o resultado de ações individuais intermediadas pelas representações que os indivíduos têm da realidade social. Essa análise é focalizada na dinâmica da construção social da realidade, isso é, na formação dos esquemas de tipificação que permitem a constituição de uma realidade intersubjetiva, mostrando como os indivíduos interagem entre si e como representam e constroem a realidade física, definindo os modelos de representação válidos em todo caso concreto.

Do ponto de vista da estratégia empresarial, a adoção de uma perspectiva interpretativa tem conseqüências importantes, tanto no nível teórico como no nível prático, na medida em que "organização" e "ambiente" são redefinidos em termos interpretativos. Ambientes, de acordo com a definição interpretativa, não são dados da realidade, pois são construídos pela ação organizacional. Karl Weick, que propôs desde a primeira versão do livro *Psicologia social das organizações* (*Social psychology of organizing*) uma visão interpretativa dos ambientes organizacionais, com bases interpretativas, propôs o seguinte (Weick, 1973):

> Aqui, desejamos dizer que as teorias atuais de organização não são explícitas a respeito do que constitui um ambiente. Muitas teorias da organização sustentam que as organizações só podem ser compreendidas como mecanismos inventados para adaptação a circunstâncias ambientais na busca de objetivos. O problema dessa tese é que nunca podemos saber com certeza o que é que se adapta ao quê. Dizer que a organização se adapta a si mesma, e ao que é diferente dela, não nos diz muita coisa. Precisamos saber, especificamente, o que está sendo adaptado, e por quais meios. Até que a adaptação seja localizada e os limites entre o interior e o exterior sejam afastados ou mais explicitados, será difícil saber muita coisa sobre o que é uma organização, o que é que faz, e por que o faz. (...) deve-se notar que uma das formas mais promissoras de tratar o ambiente é através da utilização dos termos de informação. Em vez de considerar o ambiente decisivo das organizações como formado de matérias-primas e matérias-primas transformadas, parece possível conseguir uma interpretação mais completa da realidade se considerarmos a informação e o sentido como os bens decisivos com que as organizações operam, aos quais seus processos se dirigem, e em função dos quais suas relações se estabelecem (Weick, 1973, p. 28-9).

Com base nessa definição de construção social fundamentada em processos coletivos de interpretação, organizações são concebidas como sistemas de interpretação do ambiente (Daft e Weick, 1984) e vistas como construtoras do ambiente por meio de suas ações.

As conseqüências práticas dessa visão foram classificadas por Smircich e Stubbart em três categorias principais:

1. **O abandono da prescrição que as organizações devem se adaptar aos seus ambientes.** O pressuposto de que as organizações devem se adaptar às condições ambientais, explícito nos modelos SWOT e nos sistemas de planejamento estratégico, é usualmente tomado como verdade inquestionável. No entanto, a idéia de adaptação ao ambiente implica boa soma de ambigüidade e complexidade. Uma abordagem interpretativa implica a noção de que a estratégia só pode ser definida no seu contexto de ação, o que pressupõe a construção social das relações ambiente/organização. A análise do ambiente de uma empresa não é uma ciência exata porque

não existe um observador independente, neutro, que detenha todas as informações relevantes. Ao contrário, a partir de uma perspectiva interpretativa, a escolha de modelos *(frameworks)* e interpretações torna-se uma arte criativa e política, profundamente arraigada nas capacidades interpretativas dos atores sociais. Estrategistas precisam se concentrar nos modelos e nas interpretações, tendo em vista o contexto real das suas escolhas. Novos modelos e interpretações podem estimular novas configurações ambientais que, por sua vez, originam novas iniciativas estratégicas. Nessa análise, o comportamento humano não é apenas uma variável dependente de um ambiente objetivo, passando a ser um agente da construção desse ambiente.

2. **A redefinição de oportunidades, ameaças e restrições.** Oportunidades e ameaças, bem como restrições ao comportamento estratégico da empresa, passam a existir não somente em função de dados do ambiente, como também do próprio processo de interpretação. Dessa maneira, os estrategistas devem olhar para si mesmos, para os seus processos cognitivos e para as imagens que os guiam, a fim de entenderem a lógica das suas ações e das suas omissões. Em outros termos, o ambiente está nas pessoas, na sua forma de olhar e selecionar eventos relevantes, descartando outros como não-significativos.
3. **Pensar diferentemente o papel da estratégia empresarial.** Essa linha conduz a uma reorientação importante da ação e das prioridades dos dirigentes de uma organização. Em vez de se concentrarem em estratégias de produto/mercado, os administradores deveriam se concentrar em assuntos ligados ao processo de decisão. Em vez de se concentrarem em decisões ou no desenho de estruturas de decisão, os administradores devem se concentrar nos valores, símbolos, na linguagem e nos dramas que formam o pano de fundo para o processo de tomada de decisão. Em vez de se limitarem aos aspectos intelectuais e técnicos das estruturas organizacionais, os dirigentes envolvidos com o processo de estratégia deviam aprender expressar e elaborar os elementos sociais e emocionais que fundamentam a atividade organizacional.

Do ponto de vista da pesquisa em estratégia, conseqüências importantes também decorrem da adoção de uma abordagem interpretativa. Primeiramente, o objetivo da pesquisa abandona o foco exclusivo na procura de relações de causa/efeito, procurando desenvolver um conhecimento mais útil na prática, focando a pesquisa no processo de interpretação e atribuição de sentido e em suas conseqüências. Em vez de pensar em oposições entre indivíduos e instituições, pode ser mais instrutivo pensar como esses elementos estão entrelaçados e quais os processos que os unem e os separam.

Em primeiro lugar, a pesquisa feita seguindo uma abordagem interpretativa tem como ponto de vista os atores organizacionais, negando uma perspectiva objetiva e unificada de uma indústria ou de uma empresa. O foco passa a ser a perspectiva dos dirigentes dessa, o que eles pensam, como concebem a realidade e como agem. Nesse aspecto, tanto métodos qualitativos – estudos de caso (Glaser e Strauss, 1967); (Yin, 1994; Stake, 1995) – como métodos quantitativos – técnicas de mapeamento de imagens mentais (Weick e Bougon, 2001); (Huff, 1990; Barr, 1996) – podem ser usados no processo de pesquisa.

Não menos importante é o fato de que a pesquisa interpretativa supõe a existência de múltiplas realidades em uma dada situação organizacional ou interorganizacional. Essa perspectiva multipolar retira a ênfase dada pela maior parte da literatura em estratégia à necessidade de se adaptar ao ambiente. Na verdade, dentro dessas premissas, como ambientes não são dados objetivos da realidade, a adaptação é uma questão de escolha.

Finalmente coloca-se a questão que toda pesquisa em uma abordagem interpretativa é historicamente contingente, dependendo dos contextos específicos nos quais se insere.

O Caso da Internet no Brasil: uma Investigação Neo-institucionalista como Exemplo de Pesquisa Interpretativa

A teoria de Porter vê a internet como uma confirmação do modelo das 5 forças, pois a introdução de novos meios tecnológicos não muda a natureza intrínseca da competição e os seus fundamentos econômicos.

Contrariamente a essa visão objetivista, apresentamos uma visão do "fenômeno internet", baseada na teoria institucional e na abordagem interpretativa (Scott, 1987; Powell e DiMaggio, 1991). Os pressupostos fundamentais da teoria institucional são baseados em uma análise sociológica interpretativa do comportamento humano, que reconhece fenômenos de racionalidade limitada e o caráter político da ação social.

Ao contrário da teoria social tradicional de fundo economicista, que se baseia em um modelo de ator racional e pauta seu comportamento no cálculo utilitário de conseqüências, a teoria institucional fundamenta-se em um modelo político no qual o comportamento social é pautado pela legitimação e pela conformidade a padrões socialmente impostos pela socialização dos indivíduos e dos contextos da organização e do mercado (setor institucional). A teoria institucional difere ainda da teoria organizacional tradicional, no sentido em que afirma que a ação organizacional pode acontecer independentemente de condicionantes objetivos, racionais ou de eficiência, pois as organizações submetidas às forças de um setor institucional são levadas a adotar práticas socialmente legítimas e, pela adoção dessas práticas, aumenta a sua probabilidade de acesso a recursos escassos tais como capital, licenças, tecnologia, parcerias etc. Conseqüentemente, essas organizações aumentam a sua probabilidade de sobrevivência por meio de práticas a que os institucionalistas chamam isomórficas (DiMaggio e Powell, 1991).

Assim, um dos pontos centrais da teoria institucional é a existência de uma série de mecanismos indutores de isomorfismo, isto é, a existência de mecanismos socioeconômicos que levam as organizações a adotarem formas e práticas organizacionais semelhantes. Entidades como associações profissionais, organismos normativos internacionais e mesmo o Estado são atores importantes no processo de criação e moldagem das organizações. Em cada setor institucional se dá o confronto entre vários modelos normativos e várias propostas e, finalmente, alguns são instituídos como sendo os melhores ou os mais eficientes em dado momento. Esses modelos passam a representar o equilíbrio de forças e de poder no setor em um determinado contexto, situação que tende a mudar com a inovação e com novas propostas, em uma evolução dialética. As organizações, a partir de estratégias definidas pelo grupo dirigente, adotam modelos normativos e estruturais com quatro formas de institucionalização: (a) coerção, (b) indução, (c) apropriação, e (d) normalização. Esses processos de incorporação dos modelos predominantes pelas organizações estão inseridos em um fenômeno geral chamado *isomorfismo estrutural*, ou seja, a tendência à predominância de certas estruturas e de certas formas organizacionais em um setor institucional, em uma certa hora.

Segundo a teoria institucionalista, a incerteza é um fator que contribui grandemente para a difusão de modelos institucionalizados por meio do isomorfismo mimético (DiMaggio e Powell, 1991).

Finalmente, entre as proposições teóricas da teoria institucional, encontramos a idéia de que a estrutura formal das organizações pode ser encarada como uma resposta às demandas de conformidade dos agentes isomórficos (Estado, mercados de capitais etc.), refletindo os mitos e crenças prevalecentes nesse setor institucional (Meyer e Rowan, 1991).

Os Mitos da Internet – O *"Reenactement"* da Corrida do Ouro

Uma visão interpretativa do fenômeno da internet passa então pela tentativa de entender a significação do seu universo simbólico, que pode ser visto como um espaço simbólico estruturado por mitos precursores de significação universal (Campbell, 1996):

- **A mitologia da conquista do oeste americano** *(a corrida do ouro)* – fundada na concepção de um território repleto de riquezas à disposição do primeiro que chegar e dele se apropriar, explorando-o de maneira produtiva;
- **A queda do império romano** *(vitalidade dos bárbaros)* – história fundada na idéia de que pequenas empresas (infundidas com a ambição e a vitalidade dos bárbaros) podem vir a derrotar os grandes impérios, dada a "esclerose" que eles apresentam em função do seu tamanho e da sua inflexibilidade burocrática.

Esses mitos arquetípicos reforçam-se por uma série de eventos estruturantes que criam uma imagem do que deve ser uma empresa de sucesso no universo dinâmico da internet. Entre os mais importantes, encontramos a história da fundação da Microsoft e a forma como Bill Gates, seu fundador, contribuiu para a derrota da IBM no mercado de PCs. Esse exemplo mostra como pequenas empresas podem vir a crescer e, muito rapidamente, se transformar em empresas dominantes. Esses mitos têm papel fundamental na construção institucional do setor da internet.

A própria história da criação da internet tem a sua mística de saga heróica. Ela foi criada a partir dos investimentos militares feitos pelo departamento de defesa dos Estados Unidos na década de 1960 em plena Guerra Fria. O objetivo central do projeto era criar um sistema de comunicação resiliente para sobreviver a ataques com mísseis nucleares. Resiliência, em sentido estrito, é a propriedade física de materiais elásticos, pela qual a energia armazenada em um corpo deformado é restituída quando cessa a tensão causadora de uma deformação elástica – como uma mola que volta ao seu comprimento inicial quando cessa a pressão exercida sobre ela. Por analogia, o termo passou a ser usado em psicologia para denotar a capacidade de recuperação de uma pessoa depois de uma perda ou choque emocional. Uma rede de comunicações resiliente seria aquela capaz de suportar um pesado ataque nuclear inimigo, sem, com isso, perder toda a sua capacidade operacional.

A idéia utilizada para aumentar a resiliência do sistema de comunicação militar americano foi criar uma rede sem centro, o que foi feito com o financiamento da ligação eletrônica, permitindo o fluxo de dados entre laboratórios de pesquisas das principais universidades americanas. Essa rede de comunicação existiu durante décadas na comunidade científica sem, na verdade, despertar grande interesse comercial. Somente no início na década de 1990 esse quadro começou a se alterar; no final de 1990, Tim Berners-Lee, um cientista do Centro Europeu de Pesquisas Nucleares – CERN (*Centre Européen de Recherches Nucléaires*), em Genebra, Suíça, desenvolveu o protocolo que constituía a base do que hoje chamamos *World Wide Web*, ou simplesmente *Web*. A *Web* foi concebida e desenvolvida como um meio de colaboração e de partilha de informações entre cientistas que trabalhavam com física de alta energia em laboratórios espalhados pelo mundo. Esses laboratórios foram então conectados por intermédio dela, permitindo a comunicação instantânea de resultados de experiências. Tim Berners-Lee e Robert Cailliau escreveram o primeiro programa de leitura WWW (*browser*) e o primeiro servidor, definindo os conceitos de URL, http e HTML.

Dois anos após o início do desenvolvimento da estrutura pelos cientistas do CERN, outro grupo de programadores do Centro Nacional para Aplicações em Supercomputadores – NCSA (*National Center of Supercomputing of Applications*), sediado em Chicago, Estados Unidos, iniciou um projeto de desenvolvimento de uma interface gráfica para a utilização dos recursos da internet. O desenvolvimento dessa interface, que foi feito em grande parte por um jovem de 21 anos, Marc Andreessen, foi um dos eventos marcantes da mitologia da internet. Antes do desenvolvimento da interface gráfica, conhecida como *Mosaic*, toda comunicação na *Web* era feita por e-mail ou por transferência de arquivos FTP (*File Transfer Protocol*). Com a introdução do *Mosaic*, foi possível a apresentação de textos, imagens e gráficos diretamente na tela do computador com uma disposição semelhante a de um documento escrito.

Devido a essa nova interface, o que era inicialmente um instrumento de comunicação de físicos nucleares transformou-se em um meio de comunicação acessível, utilizado no mundo todo. Um dos primeiros mitos da internet ganhava vida dessa maneira.

Outro evento de importância na gênese do imaginário da internet foi a criação do megaportal Yahoo!, por dois estudantes da Stanford University, que, sem capital algum e somente com uma idéia original de fazer um guia indexado de páginas da internet, se tornou em poucos anos uma multinacional com uma capitalização em bolsa da ordem de dezenas de bilhões de dólares, apesar de nunca ter apresentado qualquer lucro em suas operações.

Em resumo, os pioneiros da internet, bem como os da indústria de microcomputadores, cultivaram uma imagem pública fundada no modelo do "jovem gênio", que, com sua informalidade, irreverência e desconsideração pelas formas tradicionais de ação, age como um modernizador social, quebrando o domínio das grandes burocracias e estabelecendo organizações pequenas, ágeis e flexíveis que se impõem como modelos ideais das organizações do futuro. Essas idéias foram em seguida extensivamente divulgadas pela mídia, sob o rótulo de "a nova economia", freqüentemente afirmando que o conceito de lucratividade era ultrapassado e que a internet redefiniria *per se* as regras do jogo econômico.

Até meados do ano 2000, a supervalorização das bolsas de valores injetou grandes volumes de capital de risco (*venture capital*), o que inflacionou os valores das ações ligadas à internet e criou a possibilidade de um jogo instável de opções e mercados futuros. A valorização em bolsa passou então a ser o principal medidor de performance das empresas da internet, refletindo as enormes expectativas depositadas por investidores de diversas origens nesse tipo de atividade.

Esse frenesi fundamentou-se em última análise na veiculação maciça do mito do "*trem para o futuro*", isto é, na popularização da idéia de que era preciso investir nessas empresas para garantir um lugar na hiperdinâmica economia do futuro, na qual lucros desproporcionalmente elevados seriam auferidos pelos pioneiros que tiveram a coragem de se adiantar e conquistar os melhores territórios nesse éden informático. Os pioneiros dessa rede seriam, assim, os típicos empreendedores na ótica da inovação schumpeteriana, aqueles reconfiguradores de recursos que se beneficiam de lucros extraordinários como rendas derivadas do pioneirismo e da inovação (Kirzner, 1985).

Enfim, a internet surgiu dessa análise preliminar como um espaço simbólico de reinvenção da sociedade, como uma história arquetípica da modernização emergente, da renovação protagonizada por heróis jovens e não-conformistas, livre das restrições de produtividade e da vida cotidiana.

Um Estudo Quantitativo – Isomorfismo e *Internet Start-Ups*

Para explorar essa proposta de isomorfismo mimético no contexto da internet no Brasil, foi realizado um estudo em 83 empresas baseado em entrevistas com empresários e diretores de organizações que atuam na internet. O estudo investigou a natureza do processo de formação de estratégia nessas organizações. As entrevistas conduzidas pessoalmente foram codificadas e tabuladas em um questionário de 21 itens com base nas escalas de Likert. É importante notar que não existe incompatibilidade entre o uso de métodos quantitativos e o design interpretativo da pesquisa, uma vez que, nesse caso, os métodos quantitativos são usados como guias de interpretação da realidade (Weber, 1968), e não como modos de descoberta de leis gerais. As 21 questões que visavam avaliar os pressupostos da empresa sobre o processo de tomada de decisão estratégica foram classificadas nos grupos seguintes:

- **Pressupostos ligados ao modelo SWOT e à avaliação conceitual de estratégias.** Criatividade, avaliação explícita de competências, avaliação das potencialidades de mercado, simplicidade conceitual da formulação de estratégias.
- **Pressupostos ligados à formalização de um modelo explícito de planejamento estratégico.** Formalização do processo de formulação de estratégia, cronograma de planejamento, orçamento formalizado, análise econômica do setor, poder de barganha dos fornecedores, pesquisa de mercado, poder dos clientes, acompanhamento de novas tecnologias e análise da concorrência.
- **Pressupostos ligados a um modelo de estratégia centrado no líder/empreendedor.** Influência do fundador, influência do líder, grau de empreendedorismo.

- **Pressupostos ligados a um modelo de estratégia focado em inovação.** Improvisação, busca de novas oportunidades.
- **Pressupostos ligados a um modelo de estratégia focado em competitividade por custos.** Controle de custos.
- **Pressupostos ligados a um modelo de estratégia focado em adaptação institucional.** Utilização de *benchmarking*, isomorfismo em relação a organizações de referência.

Inicialmente, optamos por fazer uma análise fatorial exploratória para pesquisar a possibilidade da emergência de relacionamentos significativos entre os grupos de pressupostos estratégicos adotados pelas empresas pesquisadas. Começamos nossa análise pela construção de uma série de índices compostos, calculados a partir da média de algumas variáveis constantes do questionário, conforme o que segue.

- ***BUSMODEL – Foco em Business Models (usando o modelo SWOT)***
- ***PLANIFIC – Formalização do Processo de Planificação***
- ***ANAINDUS – Análise Estrutural da Indústria***
- ***INOV – Foco em Inovação***
- ***ISOMORF – Imitação/*****Benchmarking** ***(isomorfismo institucional)***
- ***SLACK –*** **Slack** ***Organizacional/Folga de Recursos***

Considerando os índices compostos descritos anteriormente, realizamos análises fatoriais exploratórias por meio do método de componentes principais, com rotação *varimax*, abrangendo os dois subconjuntos de empresas IP – internet pura e o subconjunto PS – prestadores de serviços.

O grupo IP é composto por empresas cujo foco de atividade exclusivo ou principal situa-se na internet. Exemplos entre as empresas pesquisadas são IG, Globo.com, Submarino, Cineclick, valeumacerveja.com.br, Neurônio, Webmotors e Flores Online. Os PS são as empresas cujo foco de atividade principal está intimamente ligado à internet, mas que têm ligações fortes com a indústria tradicional. Exemplos entre as empresas pesquisadas são: AT&T, Oracle, Telefônica, Hiperlógica e São Paulo Hypermídia.

Esse estudo pôde indicar a presença de um estilo estratégico diferenciado nos dois grupos estudados, o que foi evidenciado nas análises exploratórias realizadas, cujas tabelas principais de fatores extraídos com rotação *varimax* são reproduzidas a seguir:

Tabela 2.1 – Matriz de Componentes – Grupo PS

	Component		
	1	2	3
BUSMODEL	,756	−3,19E-02	2,652E-02
PLANIFIC	,561	,636	−,232
ANAINDUS	,676	,141	−9,89E-02
INOV	−5,58E-03	1,441E-03	,931
ISOMORF	−1,84E-02	,958	,105
SLACK	−,598	−9,16E-02	−,377

Extraction Method: Principal Component Analysis.
Rotation Method: Varimax with Kaiser Normalization.

a. Rotation converged in 6 interations.
b. Only cases for which GROUP = PS are used in the analysis phase.

Tabela 2.2 – Matriz de Componentes – Grupo IP

	Component		
	1	2	3
BUSMODEL	,756	−3,19E-02	2,652E-02
PLANIFIC	,561	,636	−,232
ANAINDUS	,676	,141	−9,89E-02
INOV	−5,58E-03	1,441E-03	,931
ISOMORF	−1,84E-02	,958	,105
SLACK	−,598	−9,16E-02	−,377

Extraction Method: Principal Component Analysis.
Rotation Method: Varimax with Kaiser Normalization.

a. Rotation converged in 6 interations.
b. Only cases for which GROUP = IP are used in the analysis phase.

- No grupo IP o estilo estratégico dominante caracterizou-se pela existência dos seguintes componentes:

1. Um primeiro componente racionalizado, dominado por elevadas cargas nos índices compostos, representando o uso de modelos de negócios conceituais (BUSMODEL), de sistemas formais de planificação (PLANIFIC) e de análise da indústria (ANAINDUS).
2. Um segundo componente claramente isomórfico no qual as empresas de IP demonstram uma *aversão à inovação* e uma clara adoção de critérios de isomorfismo estrutural e procedimental como *benchmarking* e importação de melhores práticas do setor, o que se configura pela presença de cargas fortemente negativas na variável inovação (INOV) e fortemente positivas na variável isomorfismo (ISOMORF).
3. Um terceiro componente da estratégia dessas empresas manifesta-se na presença de um alto nível de *slack* (folga) organizacional, o que se observa por uma alta carga isolada na variável *slack* organizacional (SLACK).

- No grupo PS, o estilo estratégico dominante caracterizou-se pela existência dos seguintes componentes:

1. Um primeiro componente também racionalizado, dominado por cargas medianamente elevadas nos índices compostos, representando o uso de modelos de negócios conceituais (BUSMODEL) e de análise da indústria (ANAINDUS) e também por uma carga medianamente negativa na variável *slack* organizacional (SLACK), o que indica que esse grupo pode estar um pouco menos voltado para os aspectos da formulação de estratégia, mas também tem menor tolerância ao *slack* que as empresas de IP.
2. O segundo componente nos PS apresenta uma combinação de sistemas formais de planificação (PLANIFIC) e isomorfismo (ISOMORF).
3. O terceiro e último componente da estratégia dessas empresas manifesta-se na presença de um alto comprometimento com inovação organizacional, o que se observa por alta carga isolada na variável inovação (INOV).

Observa-se dessa maneira uma confirmação das proposições de cunho institucionalista em relação aos pressupostos de orientação estratégica, que se manifestam claramente como estratégias isomórficas no grupo IP, e estratégias que são mais convencionais (posicionamento/inovação), mas ainda com forte componente isomórfico no grupo PS.

Conclusão – Estratégia na Internet a partir de uma Perspectiva Interpretativa

Esses resultados reforçam a coerência lógica e a aplicabilidade da teoria institucional e permitem a extensão desse referencial teórico. A idéia de convergência isomórfica devido às forças em ação em um campo institucional surge como uma explicação sociológica do comportamento estratégico das empresas na internet, notadamente em face da incerteza e da instabilidade características desse setor.

A partir da perspectiva das teorias de organização industrial, a internet não é um fenômeno capaz de mudar as regras da competição em uma indústria ainda regida pelas leis microeconômicas. Porém, dentro de uma perspectiva interpretativa, esse fenômeno toma outra dimensão. Uma análise da "corrida do ouro" da internet nos permite avaliar os elementos de estratégia empresarial sob nova perspectiva. Ao lado das conseqüências práticas propostas por Smircich e Stubbart (1985):

1. **O abandono da prescrição que as organizações devem se adaptar aos seus ambientes.** Esse caso sugere que o "ambiente" da internet depende intimamente do comportamento dos seus atores, das suas representações e das suas crenças. Essas crenças fazem que o comportamento dos sistemas econômicos desafiem os limites dos modelos convencionais, como no caso dos modelos de avaliação de empresas na rede.
2. **A redefinição de oportunidades, ameaças e restrições.** Oportunidades e ameaças, bem como restrições ao comportamento estratégico da empresa, são reinterpretados e contextualizados com a idéia de mitos institucionalizados (Smircich, 1983; Smircich e Stubbart, 1985; Campbell, 1996) que orientam os processos de isomorfismo.
3. **Pensar diferentemente sobre o papel da estratégia empresarial.** Esse caso nos leva a pensar sobre a questão dos processos – sobre a noção do que é estratégia. Uma perspectiva objetivista pode negar validade à internet como modelo de reconstrução da sociedade, mas não se pode negar os efeitos que a "bolha" da internet teve sobre os negócios, desde o seu surgimento até o seu colapso. Negar os efeitos permanentes da internet, como faz Porter, não equivale a explicar o fenômeno e dele tirar as conseqüências para a prática da estratégia empresarial.

Dessa forma, uma abordagem interpretativa, reconhecendo o caráter humano da ação social e sua particularidade de ser orientada por valores, pode contribuir efetivamente para uma teoria estratégica relevante.

Tendo em vista, então, o papel fundamental de uma abordagem interpretativa e dos condicionantes institucionais para o entendimento das ações das organizações, passamos, no próximo capítulo, a uma investigação sobre como fatores organizacionais influenciam os modos de interpretação do ambiente praticado pelas organizações.

Capítulo 3

Diálogo – Uma Investigação Empírica sobre Processos Organizacionais de Interpretação do Ambiente

O objetivo deste capítulo é a investigação de como empresas brasileiras empreendem a busca por novas oportunidades de negócios, identificando quais os fatores gerenciais e organizacionais que mais claramente influenciam esse comportamento. Este trabalho estruturou-se a partir da operacionalização de um modelo de busca estratégica e interpretação ambiental, proposto por Richard Daft e Karl Weick, em 1984. Para tanto, foram feitas análises estatísticas e teóricas a partir de uma pesquisa empírica realizada entre 182 empresas brasileiras. Os dados foram tratados por análises fatoriais (exploratória e confirmatória), bem como análise de aglomerados (*cluster*) e da montagem de um modelo de equações estruturais (SEM). O modelo aqui proposto conta com 18 variáveis observadas que servem como indicadores para 7 variáveis latentes (não observadas), definidas como: os graus de proatividade (1) e formalização (2) do processo de busca à influência de valores organizacionais (3), da inércia organizacional (4), do nível de diálogo (5), do nível de inserção social – *social networking* (6) e do nível de orientação externa (7) da firma.

Os resultados do estudo mostram que os elementos ligados ao diálogo (estilo gerencial participativo) e a adesão a valores organizacionais têm forte influência sobre os modos de busca por novos negócios.

Introdução

Como as empresas crescem, além simplesmente do aumento em volume de suas atividades precedentes? Como empresas tradicionalmente devotadas a um ramo de atividade escolhem novos negócios nos quais vão se engajar? Que tipos de diversificação existem entre firmas estabelecidas? Que tipos de novos negócios são desenvolvidos por pequenas firmas e que tipos são tipicamente associados a grandes conglomerados industriais? Essas questões remetem a um problema central em estratégia empresarial: a questão da busca por oportunidades de negócios. Assim sendo, definimos como o problema central a ser abordado neste capítulo a investigação sobre como empresas, no contexto brasileiro, empreendem a busca por novas oportunidades de negócios, identificando quais fatores organizacionais e gerenciais mais fortemente influenciam esse comportamento de busca.

Bases Teóricas da Busca Estratégica – Organizações como Sistemas de Interpretação

Em face das pressões econômicas que se colocam no mercado nacional e internacional, poucas coisas são objeto de consenso entre os executivos e acadêmicos especializados em estratégia empresarial. De certa maneira, um dos raros pontos de consenso é que mudanças freqüentes acontecem e que as empresas devem constantemente buscar novos produtos e mercados, ou seja, o comportamento de busca deve ser uma atividade constante. Segundo a visão econômica neoclássica tradicional, o mercado é uma força niveladora que coordena as ações dos agentes econômicos individuais, permitindo atingir o equilíbrio econômico pelo mecanismo de preços como sistema universal de alocação de recursos. Os fenômenos econômicos que eventualmente se desviam do equilíbrio são produtos de acidentes temporários, a termo corrigíveis pela ação livre do mecanismo de preços que controla a alocação de recursos, garantindo o equilíbrio geral do sistema econômico. Essa visão tradicional dos mercados serve como fundamento para diversas teorias de estratégia empresarial.

Constatando que a mudança, a inovação, o surgimento de novos concorrentes, os fenômenos de rendimento crescente e os resultados financeiros discrepantes da média do mercado são fenômenos comuns, alguns pesquisadores em estratégia empresarial partem em busca de um quadro conceitual capaz de explicá-los, não como aberrações ou desvios temporários, mas como ocorrências esperadas do sistema econômico. A origem econômica de tal postura pode ser encontrada em autores da escola de economia austríaca, como Schumpeter, Von Mises e Hayek.[1]

Para a escola austríaca, o mercado, longe de ser caracterizado pelo equilíbrio, é um processo de descoberta interativa que mobiliza informações divergentes e conhecimentos dispersos e, em outras palavras, é um processo contínuo de busca, pesquisa e descoberta em permanente desequilíbrio. É, em última análise, a dinâmica desse processo que garante a vitalidade da economia capitalista e o que a diferencia de um sistema econômico centralizado.

---

[1] Em um processo de busca heurística de retornos superiores, as firmas desenvolveriam interpretações diferenciais sobre as preferências e modos de funcionamento do mercado. Essas seriam interpretações funcionais (*ad hoc*) do mercado. Em um processo de descoberta baseado em interpretações diferenciais, as firmas obtêm lucros pela descoberta de oportunidades e pela mobilização pioneira de recursos realizada pelos empreendedores, os quais, motivados pela perspectiva de lucros excepcionais, procuram sempre inovar, criando interpretações divergentes e conseqüentemente causando o desequilíbrio do mercado. Tendo em vista que os concorrentes procuram imitar e suplantar os inovadores, introduzindo outras inovações, o desequilíbrio do mercado passa a ser um estado permanente e não um fenômeno transitório. Kirtzner descreve os processos de mercado focalizando quatro aspectos fundamentais:
(1) Competição – O que mantém os processos de mercado é a competição; não a concorrência perfeita, mas a competição em que os rivais procuram aumentar os seus lucros oferecendo melhores produtos e serviços que os existentes. A condição necessária para manter essa competição não é a existência de um grande número de rivais, mas sim a liberdade de fluxos de capitais, associada à inexistência de barreiras de entrada significativas na indústria.
(2) Conhecimento e Descoberta – Segundo Hayek, o processo competitivo é caracterizado por um processo interativo de descoberta em que novos conhecimentos são produzidos. Como os mercados podem assimilar e transmitir informações (preços, quantidades, recursos) somente sobre as práticas correntes, cabe ao empreendedor a tarefa de descobrir oportunidades de aplicação e gerar conhecimento relativo a elas, conhecimento esse que alimentará o mercado e o processo de competição.
(3) Incentivos e Recompensas – A noção de lucro na teoria neoclássica e na escola austríaca não é a mesma. Na versão ortodoxa, o lucro é o resultado da otimização do uso dos fatores de produção em oportunidades de produção conhecidas, dadas pela livre circulação de informação no mercado. Para a escola austríaca, lucros são resultantes da descoberta de oportunidades de produção, da criação de combinações de fatores de produção. A primeira noção de lucro tende a se confundir com o custo de oportunidade do capital, ao passo que a segunda representa as rendas do empreendedor, obtidas com a descoberta de fronteiras de produtividade e do estabelecimento de situações de monopólio temporário.
(4) Os Preços de Mercado – Em vez de se aproximarem dos preços de equilíbrio, para a escola austríaca, os preços traduzem o valor relativo das descobertas feitas pelos empreendedores. Eles sinalizam assim oportunidades de lucros excepcionais, ou seja, do estabelecimento de rendas de empreendimento, que na prática correspondem a monopólios temporários. A descoberta e a exploração dessas oportunidades de pioneirismo é o motor dos processos de mercado.

Essa posição central na mecânica do sistema capitalista faz que o entendimento dos comportamentos de busca de novos negócios e oportunidades por parte das empresas seja um dos temas fundamentais em estratégia empresarial.

A questão do crescimento das empresas foi colocada de maneira sistemática, e pela primeira vez pensando além da simples acumulação de atividades homogêneas e intercambiáveis, por Edith Penrose (Penrose, 1957). Em seu livro *The Theory of the Growth of The Firm*, Penrose sugere que as empresas podem ser vistas como uma coleção de recursos à disposição de uma unidade administrativa, cujo uso pode ser determinado (e mudado) por decisão dessa unidade. Penrose desenvolve sua visão ao colocar que, na verdade, são os serviços obtidos dos recursos (os usos) que são os verdadeiros insumos nos processos de produção, e não os próprios recursos.

O desenvolvimento da teoria de Penrose leva ainda à noção de que as firmas possuem um limite gerencial ao crescimento, dado não pelas características técnicas do objeto com o qual trabalham, mas especificamente pelos limites cognitivos da hierarquia gerencial que deve administrar o trabalho a ser realizado.

Essa visão pioneira de Penrose abriu o caminho para dois desenvolvimentos significativos:

- a investigação da flexibilização do uso dos recursos das firmas; e
- a importância decisiva dos condicionantes cognitivos da equipe dirigente nos rumos tomados pela empresa nos usos a serem dados aos seus recursos.

Em outra perspectiva fundadora para os estudos organizacionais com forte influência na disciplina de estratégia empresarial, James March desenvolveu, desde o princípio da sua colaboração com Herbert Simon, em 1958, uma linha de pesquisa dedicada ao estudo da tomada de decisões em organizações. Nessa perspectiva, organizações são vistas como sistemas interativos de tomada de decisões. Inicialmente focado em uma perspectiva racionalista, o campo de estudos da teoria da decisão passou por vários questionamentos, focalizando em seguida questões de incerteza, ambigüidade e risco. De acordo com a perspectiva racionalista que ainda hoje domina a visão economicista da teoria da decisão, a decisão humana baseia-se nos seguintes pressupostos: (1) conhecimento completo e perfeito das alternativas, (2) conhecimento completo e perfeito das conseqüências das escolhas, (3) ordenamento de escolhas consistentes e (4) regras de decisão estáveis e inteligíveis. Nas versões mais elaboradas desse modelo racionalista, são assumidas hipóteses probabilísticas ou condicionais sobre as alternativas e suas conseqüências, o que na verdade não altera a sua natureza, uma vez que escolhas são sempre feitas em função da alternativa que apresenta a maior expectativa de valor subjetivo (utilidade).

A linha de pesquisa liderada por James March rompe fundamentalmente com esse argumento racionalista. A análise multidimensional contida no livro *A behavioral theory of the firm* (Cyert e March, 1963) sugere que a tomada de decisão pode ser entendida como um fluxo no qual preferências prévias e expectativas sobre conseqüências determinam, ou melhor, circunscrevem o escopo das decisões presentes. Ou seja, interações entre expectativas e resultados, entre o passado e o futuro, entre os níveis individual e coletivo, condicionam a busca e a implementação de soluções ótimas.

Nesse sentido, esses desafios ao modelo racionalista dizem respeito principalmente aos pressupostos de completude de informação. A idéia central proposta inicialmente por Simon (1945) e depois expandida por March e seus seguidores é que, em vez de todas as alternativas serem conhecidas *a priori*, um processo seqüencial de busca e de descoberta se faz necessário, no qual o foco de atenção da organização vai sendo seqüencialmente desviado de um item a outro (March, 1999).

As idéias de March sobre a evolução da teoria da decisão e suas conseqüências no comportamento de busca das organizações se cristalizam em um artigo mais recente intitulado *Exploration and exploitation in organizational learning* (March, 1999). Nesse artigo, March constrói um modelo de decisão baseado no equilíbrio dinâmico existente entre *exploration* (pesquisa de novas fontes de recursos) e *exploitation* (aproveitamento das fontes de recursos atuais). Esse artigo aplica diretamente as idéias que defendem que critérios de racionalidade limitada afetam os modos de busca por novas oportunidades de exploração de recursos por parte das firmas, idéia essa que pretendemos desenvolver mais adiante.

Seguindo a linha de argumentação iniciada por Herbert Simon e desenvolvida por Cohen, March e Olsen em seu modelo *A Garbage Can Theory of Organizational Choice* (Cohen, March et al., 1972), Richard Daft e Karl Weick criaram um modelo no qual organizações são vistas como sistemas de interpretação de sinais do ambiente (Daft e Weick, 1984).

Baseados nesses pressupostos, Daft e Weick constroem um modelo de interpretação do ambiente segundo o qual as organizações variam nos seus pressupostos sobre em que medida o ambiente organizacional pode ser analisado (isto é, pode ser decomposto, codificado e transformado em uma rotina de análise executável e controlável por métodos burocráticos) e sobre o grau de *intrusiveness*, ou seja, o grau de iniciativa que a organização adota na busca por informações no ambiente.

Nesse modelo, cada um dos modos de interpretação tem características próprias, sendo que o modo *Undirected viewing* caracteriza-se pela interpretação baseada em dados informais, não rotineiros, com forte influência de intuição, rumores, sorte e oportunidades fortuitas. Por sua vez, o modo *Enacting* fundamenta-se na sistematização da experimentação, visando, em última instância, à "invenção do ambiente", baseando-se em testes, *learning by doing* e, eventualmente, montando sistemas que levem à coerção de outros atores econômicos. O modo *Conditioned viewing* se fundamenta na interpretação dentro de limites e regras tradicionais, pela detecção passiva de oportunidades, pelo seguimento e estabelecimento de rotinas, e pela confiança em dados formais. Finalmente, o modo *Discovering* caracteriza-se pela busca formal, pelo questionamento ativo e planejado do ambiente, com pesquisas metodologicamente estruturadas, pesquisa científica e tecnológica e detecção ativa de oportunidades de negócios.

Quadro 3.1 – Modelo Daft/Weick de Modos de Interpretação Organizacional

	Intrusão passiva	**Instrusão ativa**
Ambiente não-analisável	***Undirected viewing*** Elementos-chave Interpretação, dados informais, não-rotineiros, intuição, rumores, sorte, oportunidades	***Enacting*** Elementos-chave Experimentação, teste, coerção, invenção do ambiente, *learn by doing*
Ambiente analisável	***Conditioned viewing*** Elementos-chave Interpretação dentro de limites e regras tradicionais, detecção passiva, rotina, dados formais	***Discovering*** Elementos-chave Busca formal, questionamento ativo e planejado, *surveys*, pesquisa e detecção ativa

Um Estudo Exploratório sobre Busca Estratégica – Dados

Tendo como base a idéia de organizações como sistemas de interpretação e a centralidade das atividades de busca na definição das estratégias das empresas, preparamos um questionário com 27 questões fechadas, traduzidas em uma escala de Likert de 7 pontos.

As questões foram codificadas nas variáveis descritas no Quadro 3.2:

Quadro 3.2 – Lista de Variáveis Empregadas na Pesquisa Empírica sobre Estratégias de Busca

1. *Search Intensity* Intensidade da busca	8. *Formalized Planning* Planejamento formalizado	15. *Open Discussion* Discussão aberta	22. *Ethical Standards* Padrões éticos
2. *New Business Concept* Conceito de novos negócios	9. *Integrated Budget* Orçamento integrado	16. *Innovation* Inovação	23. *Resistance to Change* Resistência à mudança
3. *Use of Internal Sources* Uso de Fontes Internas	10. *Econometric Evaluation* Avaliação econométrica	17. *Flexibility* Flexibilidade	24. *Mission* Missão
4. *Use of External Sources* Uso de fontes externas	11. *Client Analysis* Análise do cliente	18. *Decentralization* Descentralização	25. *Economic Intelligence* Inteligência econômica
5. *Use of Market Research* Uso de pesquisa de mercado	12. *Technology Intelligence* Tecnologia Inteligente	19. *Entrepreneurship* Empreendedorismo	26. *Benchmarking* *Benchmarking*
6. *Use of Personal Contacts* Uso de contatos pessoais	13. *Competitive Intelligence* Inteligência competitiva	20. *Power Conflicts* Conflitos de poder	27. *Isomorphism* Isomorfismo
7. *Existence of Planning* Existência de planejamento	14. *Process Briefing* Briefing do processo	21. *Negotiations* Negociações	

Os questionários baseados nessa lista de variáveis foram aplicados nas entrevistas individuais em executivos de empresas da região da cidade de São Paulo, em 182 empresas de médio e grande portes de diversos setores econômicos. Entre as empresas participantes da pesquisa estão: AmBev, American Express, Anixter do Brasil Ltda., Baan, Banespa, BCP Telecomunicações, Credicard, Daimler Chrysler do Brasil, Dresdner Bank Brasil, Ericsson do Brasil, Gol Transportes Aéreos, HD Sistemas, Honeywell, Huawei Technologies, Klabin Papel e Celulose, Telefonica/Speedy, Volkswagen do Brasil, Banco Bilbao Vizcaya, Carbocloro, CBLC, Grupo Pão de Açúcar, Banco Itaú e Scania Latin America. Diversas outras empresas participantes da pesquisa demandaram explicitamente não ser identificadas e, por essa razão, não foram citadas neste trabalho, embora seus dados tenham sido computados nos modelos estatísticos aqui apresentados.

Exploração Inicial dos Dados – Análise Fatorial Exploratória

A análise dos dados dos questionários foi iniciada por meio de um procedimento de análise fatorial exploratória. A aplicação dos procedimentos de análise fatorial (componentes principais com rotação *varimax*) aos dados coletados gerou os seguintes resultados:

- Foram retidos sete fatores pelo critério de *eigenvalue* - critério de raízes latentes que especifica que cada fator deve explicar ao menos a variância correspondente a uma variável individual.
- Esses fatores foram submetidos a um procedimento de rotação ortogonal *varimax*, visando melhorar a visibilidade da matriz de coeficientes. Com essa abordagem, alguns valores em cada coluna (fator) tendem a ser mais próximos de um e outros mais próximos de zero, o que simplifica a interpretação dos fatores, dando maior separação conceitual entre eles.

Os fatores foram em seguida interpretados de acordo com os pesos atribuídos a cada uma das variáveis, após a rotação *varimax*, resultando assim em 7 fatores que são então nomeados, de acordo com os critérios expostos a seguir.

- **Fator 1** - Correspondente ao conceito de Proatividade, apresentando pesos elevados (0,751; 0,739; 0,713) nas variáveis *Search*, *New Concepts* e *Innovation.*

- **Fator 2** – Correspondente ao conceito de Formalização, apresentando pesos elevados (0, 748; 0,822; 0,811; 0,724) nas variáveis *Planning Unit, Formalized Planning, Integrated Budget* e *Econometric Evaluation.*
- **Fator 3** – Correspondente ao conceito de Identidade/Valores, apresentando pesos elevados (0, 712; 0,653; 0,636) nas variáveis *Mission, Entrepreneurship* e *Ethical Standards.*
- **Fator 4** – Correspondente ao conceito de Inércia, apresentando pesos elevados (0, 726; 0,654; 0,651;) nas variáveis *Power Conflicts, Isomorphism* e *Resistance to Change.*
- **Fator 5** – Correspondente ao conceito de Orientação Externa, apresentando pesos elevados (0, 806; 0,800) nas variáveis *Internal Sources* e *External Sources.*
- **Fator 6** – Correspondente ao conceito de Diálogo, apresentando peso elevado (0, 769) na variável *Negotiations.*
- **Fator 7** – Correspondente ao conceito de Inserção Social, apresentando peso elevado (0, 819) apenas na variável *Personal Contacts.*

Essa análise sugere a existência de sete fatores fundamentais que respondem coletivamente por 64,179% da variância observada, sendo que cada um deles contribui com respectivamente 29,440%, 8,387%, 6,889%, 6,451%, 5,063%, 4,106% e 3,843% dessa variância. Assim, a partir da análise fatorial exploratória que aqui realizamos, propomos discutir um modelo cujas duas primeiras dimensões correspondem ao modelo Interpretação organizacional proposto por Daft e Weick: (1) uma avaliação do grau de proatividade na busca de novas atividades por parte dos agentes econômicos, o que é compatível com o conceito de *Active/Passive Intrusiveness,* proposto por Daft e Weick (1981), (2) uma avaliação do grau de formalização e rotinização do procedimento de busca, o que corresponde à dimensão de *Ambiente analisável/Ambiente não-analisável,* no modelo de Daft e Weick (op. cit.).

Entretanto, outras dimensões de análise são adicionadas com base nos cinco fatores remanescentes: (3) Identidade/Valores, focando aspectos subjetivos e culturais, (4) Inércia organizacional, representando a dificuldade inerente aos processos de mudança e à oposição freqüentemente encontrada na implementação dos planos de mudança estratégica e organizacional, (5) Orientação externa, avaliando em que medida as fontes de informação utilizadas pela empresa em seu processo de busca são predominantemente externas ou internas, (6) Diálogo/Democracia, focando o grau de abertura à discussão aberta e ao diálogo existente na organização e, finalmente, (7) Inserção social, procurando avaliar em que medida os contatos sociais dos membros da organização traduzidos como capital social podem ser fatores decisivos no processo de busca por novas oportunidades de negócios. Essas dimensões serão retomadas mais tarde, na montagem do modelo de equações estruturais.

Validando as Dimensões Principais de um Modelo de Busca Estratégica

Como colocado anteriormente, os resultados da análise fatorial exploratória indicaram um modelo de busca cujas duas primeiras dimensões correspondem ao modelo Interpretação organizacional proposto por Daft e Weick:

(1) uma avaliação do grau de proatividade na busca de novas atividades por parte dos agentes econômicos, o que é compatível com o conceito de *Active /Passive Intrusiveness*,

(2) uma avaliação do grau de formalização e rotinização do procedimento de busca, o que corresponde à dimensão de Ambiente analisável/Ambiente não-analisável.

Visando à maior confiabilidade dessas dimensões-chave, realizamos um procedimento de análise fatorial confirmatória (CFA) para os construtos Proatividade e Formalização. Nessa análise, foram supostas co-variâncias entre os erros de medição dos grupos de variáveis observadas, dadas as similaridades entre os seus conceitos. O resultado da análise fatorial confirmatória mostra uma boa adequação entre os dados e o modelo estrutural proposto, que será verificada a partir dos seguintes elementos:

1. RMSEA: 0,048 (sendo 0,05 considerado um limite conservador para uma boa adequação entre modelo e dados).
2. IFI – *Incremental Fit Index*: 0,984 (sendo 1 o índice de adequação ideal).
3. TLI – *Tucker-Lewis Index*: 0,973 (sendo 1 o índice de adequação ideal).

Tais resultados confirmam a coerência das dimensões implícitas *Proatividade* e *Formalização*, que se configuram como variáveis latentes, fatores compostos a partir das variáveis observadas.

Classificando Casos em um Modelo de Busca Estratégica – Análise de *Clusters*

A etapa seguinte, na análise dos dados dos questionários aqui estudados, consiste em procurar um padrão de aglomeração desses dados, visando estabelecer se existem grupos identificáveis de empresas que se comportam de forma consistente face às variáveis identificadas. Visando atingir esse objetivo, foram aplicadas técnicas de análise de conglomerados (*clusters analysis*), cujo objetivo principal é agrupar objetos (padrões de resposta contidos nos questionários) em aglomerados que devem apresentar alta homogeneidade interna (dentro do *cluster*) e alta dissimilaridade externa (entres os *clusters*). A idéia mestra da análise de conglomerados consiste, nesse sentido, em classificar os dados de acordo com os seus relacionamentos "naturais" imbuídos da sua própria estrutura de variância.

Dessa forma, a aplicação das técnicas de análise de *cluster* aqui colocadas dedica-se essencialmente a uma análise exploratória que visa à construção de uma descrição taxonômica – uma classificação de objetos baseada empiricamente. Como sugerido acima, a análise de *clusters* fundamenta-se em examinar a estrutura da matriz dos dados analisada, visando ao estabelecimento de grupos de casos similares. Uma aplicação possível dessa técnica, no que diz respeito ao desenho de pesquisa, é permitir a comparação de uma *tipologia* (classificação teórica, baseada em modelos lógicos dedutivos) e uma *taxonomia* (classificação empírica, baseada na constituição indutiva de grupos observados).

Tendo como base os resultados da análise fatorial realizada na seção anterior, consideraremos os 7 fatores resultantes como as variáveis de entrada a serem consideradas nos procedimentos de análise de *cluster*.

A análise de *cluster* feita a partir do método não-hierárquico de *clusters* (*k-means cluster*) implantado no programa estatístico SPSS (ver Gráfico 3.1), nos mostra a existência de quatro *clusters* compatíveis com três modos de interpretação propostos por Daft e Weick. Um dos modos de interpretação ambiental previstos no modelo teórico inicial, no entanto, não encontrou validação empírica na amostra analisada. Os modos de interpretação correspondentes aos modos *Enacting*, *Discovering* e *Conditioned Viewing* foram encontrados na amostra e classificados em relação às suas duas variáveis básicas (Formalização/Analisabilidade e Proatividade/*Intrusiveness*). No entanto, o modo de interpretação *Undirected Viewing* não foi identificado, pois nenhum dos *clusters* foi posicionado no quadrante correspondente a baixos níveis de Proatividade/*Intrusiveness* e Formalização/Analisabilidade. Deve-se ainda notar que dois *clusters* marcadamente distintos partilham o quadrante correspondente ao modo *Conditioned Viewing*.

O primeiro *cluster*, correspondente ao modo de interpretação *Enacting* por ter valores positivos de Proatividade/*Intrusiveness* (*Active Search*) e valores negativos de Formalização/Analisabilidade (*Planning*), apresenta também outras características marcantes, tais como valores tendendo ao neutro nas variáveis Identidade/Valores, Orientação externa e Diálogo, além de um alto nível de rejeição às variáveis indicativas de inércia organizacional e uma forte adesão à variável indicativa de inserção social (*Social Networking*). Esses resultados são compatíveis com o modelo previsto por Daft e Weick no qual as organizações que se caracterizam pelo modo *Enacting* destacam-se por uma estratégia ao mesmo tempo intrusiva e não-analítica, supondo que as organizações constroem o próprio ambiente. As organizações nesse primeiro *cluster* caracterizam-se pela inovação e pela heterodoxia estratégica. Tipicamente, elas tentam novos comportamentos e vêem o que acontece no seu ambiente imediato. Elas testam, experimentam e aprendem por experiência. Assim, os resultados empíricos aqui obtidos corroboram o modelo teórico na medida em que as organizações no *cluster* 1 que se encaixam no modo *Enacting* se caracterizam fortemente pela rejeição das variáveis de inércia organizacional, abraçando a mudança como um fator vital. O modelo se vê também apoiado pelo alto peso conferido à variável inserção social.

O terceiro *cluster* corresponde ao modo de interpretação *Discovering* por ter valores positivos de Proatividade/*Intrusiveness* (*Active Search*) e valores positivos de Formalização/Analisabilidade (*Planning*). No modelo teórico proposto por Daft e Weick, o *Discovering* é o modo de interpretação adotado por uma organização que também investiga o ambiente com alto grau de intrusão, mas com a ênfase em descobrir a resposta correta em um ambiente analisável por meio de procedimentos formais, em vez de definir ou criar soluções e problemas por vias informais. Para organizações que se colocam no modo *Discovering*, os problemas a serem resolvidos são muito mais objetivos e concretos do que para as que se colocam no modo *Enacting*. Os outros fatores considerados na validação do modelo são apenas parcialmente compatíveis com o modelo teórico. O *cluster* 3 apresenta valores tendendo ao neutro (valores próximos de zero) para os fatores relativos a Identidade/Valores, Inércia organizacional, Orientação externa e Diálogo, sendo, no entanto, fortemente negativo no tocante ao fator inserção social (*Social Networking*). Embora esse perfil seja basicamente neutro, ele pode ser considerado uma configuração empírica compatível com o modo *Discovering*.

Um elemento interessante que emerge da análise empírica aqui realizada é a convergência dos *clusters* 2 e 4 no que tange às duas dimensões aqui analisadas, no modo *Conditioned Viewing*. Organizações que se baseiam em modos interpretativos assumem que o ambiente no qual operam é analisável por procedimentos formais, ainda que tenham perante ele uma abordagem passiva (não-intrusiva). Essas organizações tendem a confiar em modelos estabelecidos e codificados de coleta de dados, mas se arriscam pouco e evitam inovações radicais em suas formas de produção e configurações estratégicas.

Gráfico 3.1 – Modos de Interpretação do Ambiente e Posicionamento dos *Clusters*

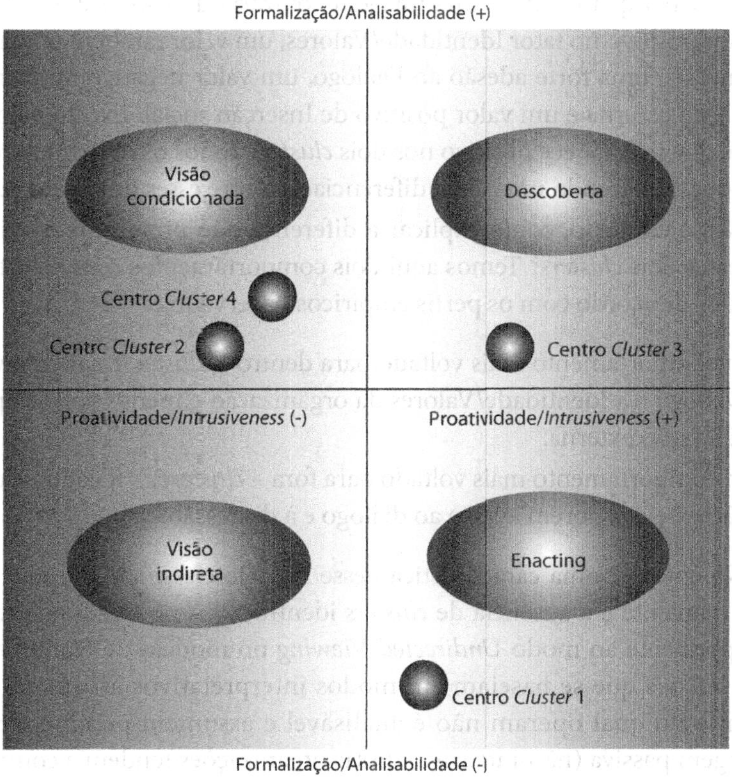

O segundo *cluster* corresponde ao modo de interpretação *Conditioned viewing* por ter valores negativos de Proatividade/*Intrusiveness* (*Active search*) e valores positivos de Formalização/Analisabilidade (*Planning*). O quarto *cluster* corresponde também ao modo de interpretação *Conditioned viewing* por ter assim como o *cluster* 2, valores negativos de Proatividade/*Intrusiveness* (*Active search*) e valores positivos de Formalização/Analisabilidade (*Planning*). Esses dois *clusters*, apesar de ocuparem o mesmo quadrante no modelo teórico de Daft e Weick, têm características bastante diversas no que diz respeito às outras características investigadas. Apesar de ocuparem a mesma posição no modelo de Daft e Weick, os *clusters* 2 e 4 identificados na pesquisa empírica aqui analisada diferem bastante em seu perfil. Enquanto o *cluster* 2 se caracteriza por um valor negativo no fator Identidade/Valores, um valor positivo no fator Inércia, uma forte aversão ao Diálogo, um valor positivo no tocante à Orientação externa e um valor negativo de Inserção social, o *cluster* 4 se apresenta quase como uma imagem contrária do *cluster* 2, mostrando um valor positivo no fator Identidade/Valores, um valor também positivo no fator Inércia, uma forte adesão ao Diálogo, um valor negativo no tocante à Orientação externa e um valor positivo de Inserção social. Exceto pelo fator Inércia, que permanece positivo nos dois *clusters*, todos os outros fatores são invertidos, mostrando uma clara diferenciação entre esses dois grupos.

Nesse contexto, como explicar a diferença não prevista teoricamente entre esses dois *clusters*? Temos aqui dois comportamentos claramente diferenciados de acordo com os perfis empíricos observados:

- Um comportamento mais voltado para dentro – *cluster* 4 – incentivando o Diálogo e a Identidade/Valores da organização e menos voltado para a Orientação externa.
- Um comportamento mais voltado para fora – *cluster* 2 – focado na orientação externa, porém avesso ao diálogo e à discussão.

No entanto, uma característica desse modelo classificatório que se faz muito marcante é a ausência de *clusters* identificados no quadrante teórico correspondente ao modo *Undirected Viewing* no modelo de Daft e Weick. Organizações que se baseiam em modos interpretativos assumem que o ambiente no qual operam não é analisável e assumem perante ele uma abordagem passiva (não-intrusiva). Essas organizações tendem a confiar em sistemas informais de gestão, baseados em palpites, em rumores, na sorte, no acaso, e não são condicionadas por sistemas de gestão formalizados, além de se fundamentarem em um sistema "artesanal" de procura de oportunidades e de sondagem do ambiente. Como explicar a ausência desse *cluster*? Essa explicação pode ir além de possíveis erros induzidos pelo processo de amostragem, de erros de medição e pelo próprio processo de formação de *clusters*, que implica, por vezes, em resultados diferentes, conforme o número de *clusters* especificados. O motivo mais provável dessa ausência é própria dinâmica do ambiente econômico e social brasileiro, que de certa forma, seleciona organizações com certo grau de atividade. Tais resultados parecem sugerir que ambientes complexos e mutáveis requerem organizações com altos níveis de atividade, o que reafirma posições clássicas contidas nas teorias contingenciais (Burns e Stalker, Lawrence e Lorsch) e neo-contingenciais (Donaldson, Nohria e Ghoshal), seguindo o princípio da variabilidade requerida formulado por W. R. Ashby na década de 1950, segundo o qual a complexidade de um sistema de controle deve ser proporcional à complexidade do sistema que ele visa controlar (Ashby, 1964).

Construindo um Modelo de Equações Estruturais (SEM)

Modelos de equações estruturais (*Structural Equation Models* - SEM) estão entre as técnicas estatísticas de análise capazes de analisar relações complexas de causalidade entre variáveis explícitas (observadas) e indiretamente inferidas (latentes). Modelos de equações estruturais referem-se em geral a procedimentos estatísticos de solução de sistemas de equações múltiplas que incluem variáveis latentes (não-observadas), indicadores múltiplos de conceitos, erros de medição e variáveis observadas, formando um sistema inter-relacionado de equações de regressão linear. Os dados contidos na pesquisa aqui realizada foram utilizados para construir um modelo desse tipo, sendo tratados com o software de modelagem estrutural AMOS 3.61, resultando no modelo representado no Gráfico 3.2.

O modelo conta com 18 variáveis observadas que servem como indicadores para sete variáveis latentes (não-observadas) que são definidas como os graus de Proatividade (1) e Formalização (2) do processo de busca, a Influência de valores organizacionais (3), da Inércia organizacional (4), do nível de

Diálogo (5), do nível de Inserção social – *social networking* (6) e do nível de Orientação externa (7) da firma. Convém lembrar que esses sete elementos correspondem aos sete fatores resultantes da análise fatorial exploratória realizada anteriormente.

O objetivo da construção de um modelo de equações estruturais, nesse caso, é tentar estabelecer relações causais entre variáveis. Cabe ressaltar, dessa maneira, que a construção de modelos de equações estruturais deriva, em primeiro lugar, de uma análise teórica das variáveis envolvidas. A causalidade não decorre dos dados, e sim da teoria que informa a modelagem.

No modelo aqui desenvolvido, faz-se a hipótese teórica que a variável latente Diálogo tem um papel determinante no comportamento de busca estratégica das firmas. O modelo é construído a partir da suposição teórica de que o maior nível de diálogo e o estabelecimento de procedimentos participativos nas organizações com diminuição dos comportamentos autoritários têm efeitos causais diretos em quatro outras variáveis latentes: Valores, Inércia, Inserção social e Orientação externa. Essas relações podem ser explicitadas da seguinte forma:

- A variável diálogo influencia positivamente a formação de valores organizacionais, tais como empreendedorismo, ética e senso de responsabilidade social na organização. Diálogo influencia negativamente a Inércia organizacional, diminuindo resistência, conflito e tendência à imitação. Diálogo influencia positivamente a Orientação externa da firma permitindo o acesso a contatos externos. Diálogo influencia positivamente a Inserção social da firma, permitindo a formação de redes sociais mais amplas nas quais os atores sociais se inserem.

Por sua vez, cada uma dessas quatro variáveis latentes intermediárias – Valores, Inércia, Inserção social e Orientação externa – influencia as variáveis Proatividade e Formalização, que correspondem às variáveis que descrevem o comportamento de busca das firmas, previsto no modelo Daft/Weick. Essas relações podem ser explicitadas da seguinte forma:

- A variável inércia influencia negativamente a Proatividade na medida em que as ações da firma ficam engessadas no que costumavam ser. Inércia influencia positivamente Formalização na medida em que processos formalizados e burocratizados tendem a ser um dos veículos fundamentais de Inércia organizacional.

- O Grau de adesão a Valores organizacionais influencia positivamente a variável Proatividade, pela difusão feita pela empresa de um comportamento institucionalizado que prevê comportamentos proativos de busca.
- Valores influenciam positivamente Formalização, institucionalizando não apenas os comportamentos desejados, como também os seus mecanismos formais de controle.

Gráfico 3.2 – Modelo de Equações Estruturais – *Path Diagram*

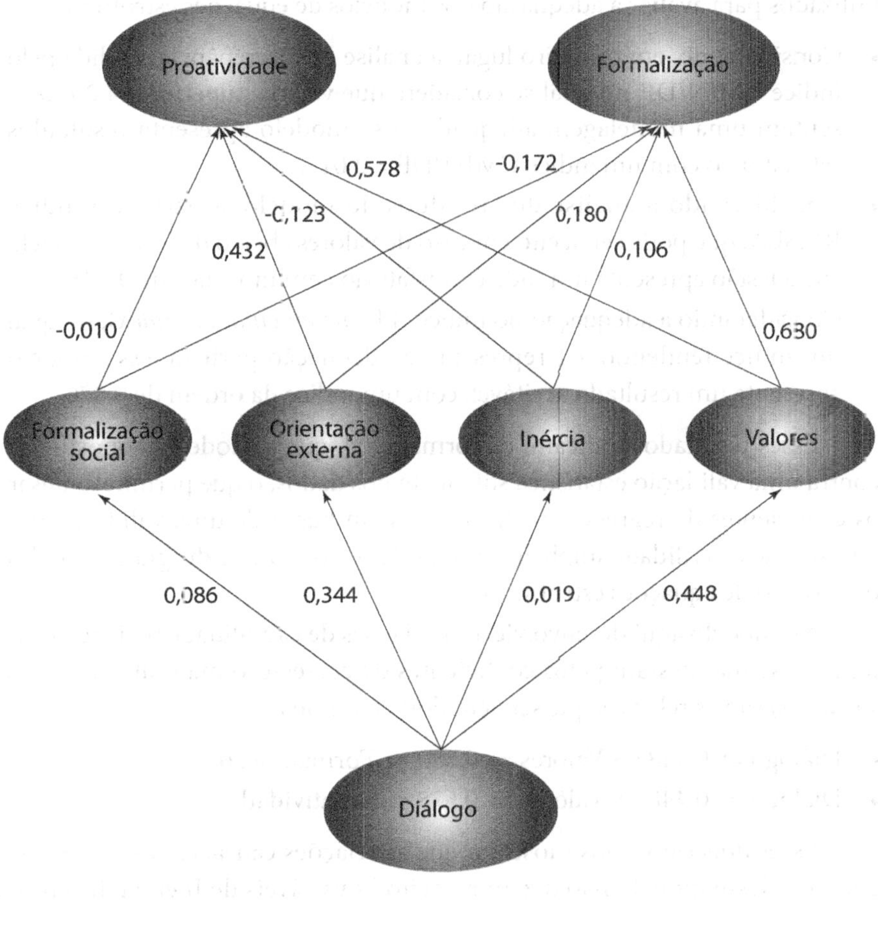

- Inserção social influencia negativamente Formalização.
- Inserção social influencia positivamente Proatividade pela mobilização de capital social.
- Orientação externa influencia positivamente Proatividade, fazendo a empresa voltar-se para fontes externas de informação.
- Orientação externa influencia positivamente Formalização, demandando a implantação de mecanismos formais de investigação do ambiente e de obtenção estruturada de informação.

A análise do modelo descrito e representado no Gráfico 3.2 apresenta resultados estatísticos satisfatórios, segundo os diversos critérios heurísticos utilizados para avaliar a adequação dos modelos de equações estruturais.

- Considerando, em primeiro lugar, a análise de discrepância medida pelo índice CMIN/DF, no qual se considera que valores superiores a 2 representam uma modelagem adequada, esse modelo apresenta resultados satisfatórios com um índice CMIN/DF = 2.017.
- Considerando a análise dos resíduos do modelo, a partir do índice RMSEA, que pode ser aceito em caso de valores abaixo de 0,08, o modelo em questão apresenta um índice satisfatório com um valor de 0,075.
- Considerando a adequação do índice IFI (*Incremental Fit Index*), no qual um índice tendendo a 1 representa a adequação perfeita, esse modelo apresenta um resultado aceitável, com um índice da ordem de 0,876.

Esses resultados indicam, de forma geral, que o modelo proposto encontra uma validação estatística suficiente nos dados, o que permite analisar os coeficientes de regressão padronizados em busca de uma validação das relações de causalidade implícitas no modelo teórico que dirigiu o desenho do modelo de equações estruturais.

No modelo aqui desenvolvido, as relações de causalidade mais relevantes (que se manifestam pelos coeficientes de correlação mais altos entre as variáveis) são as relações que seguem dois caminhos:

- Diálogo ⇒ 0,448 ⇒ Valores ⇒ 0,680 ⇒ Formalização
- Diálogo ⇒ 0,448 ⇒ Valores ⇒ 0,578 ⇒ Proatividade

Esses dois caminhos mostram que as relações causais mais fortes que derivam desse modelo não dizem respeito às variáveis de Inércia, Inserção social ou Orientação externa, ainda que essa última variável tenha demonstrado também ter alguma importância. No entanto, ficou claramente demonstrado que os caminhos predominantes no diagrama causal incluíam as variáveis latentes Valores e Diálogo.

Discussão dos Resultados

Esse trabalho estruturou-se a partir da operacionalização do modelo de busca estratégica e interpretação ambiental proposto por Daft e Weick, em 1984. O trabalho de operacionalização empírica foi feito a partir de um questionário com 27 questões fechadas, traduzidas em escala de Likert de 7 pontos. As entrevistas foram feitas a partir de um plano amostral intencional com executivos de empresas da região da cidade de São Paulo, em 182 empresas de médio e grande portes de diversos setores econômicos.

Uma primeira técnica utilizada para o exame dos dados dos questionários foi a análise fatorial exploratória. A aplicação dos procedimentos de análise fatorial com componentes principais e *rotação varimax* aos dados coletados conduziu à extração de sete fatores, pelo critério de *eigenvalue*, que respondem coletivamente por 64,179% da variância observada. Esses fatores foram assim nomeados:

Fator 1 – Proatividade
Fator 2 – Formalização
Fator 3 – Identidade/Valores
Fator 4 – Inércia
Fator 5 – Orientação externa
Fator 6 – Diálogo
Fator 7 – Inserção social

Nota-se, dessa forma, que os dois primeiros fatores oriundos da análise fatorial exploratória correspondem às dimensões estruturais do modelo de interpretação de Daft e Weick. Visando à maior confiabilidade dessas dimensões-chave, realizamos um procedimento de análise fatorial confirmatória (CFA) para os construtos Proatividade e Formalização, que obteve bons resultados em termos da adequação do modelo aos dados, confirmando a validade dessas dimensões.

A etapa seguinte na análise dos dados dos questionários aqui estudados consistiu em procurar um padrão de aglomeração dos dados, visando estabelecer se existem grupos identificáveis de empresas que se comportam de forma consistente em face das variáveis identificadas. A análise *cluster*, feita a partir do método de *clusters* não hierárquico (*k-means cluster*), nos mostra a existência de quatro *clusters* compatíveis com três dos modos de interpretação propostos por Daft e Weick. Um dos modos de interpretação ambiental previstos no modelo teórico inicial, no entanto, não encontrou validação empírica na amostra analisada. Os modos de interpretação correspondentes aos modos *Enacting, Discovering* e *Conditioned viewing* foram encontrados na amostra e classificados em relação às suas duas variáveis básicas (Formalização/Analisabilidade e Proatividade/*Intrusiveness*). Porém o modo de interpretação *Undirected viewing* não foi identificado, pois nenhum dos *clusters* pôde ser posicionado no quadrante correspondente a baixos níveis concomitantes de Proatividade/*Intrusiveness* e Formalização/Analisabilidade. Uma possível interpretação desse resultado está ligada ao caráter turbulento da economia brasileira, na qual a necessidade de um comportamento ativo se faz mais presente do que em ambientes mais estáveis, em que a atenção dedicada aos procedimentos de busca ambiental pode ser reduzida.

Finalmente, é construído um modelo de equações estruturais. O modelo conta com 18 variáveis observadas que servem como indicadores para 7 variáveis latentes (não-observadas), que são definidas como os graus de Proatividade (1) e Formalização (2) do Processo de busca, a Influência de valores organizacionais (3), da Inércia organizacional (4), do nível de Diálogo (5), do nível de Inserção social – *Social networking* (6) e do nível de Orientação externa (7) da firma. Convém lembrar que esses sete elementos correspondem aos sete fatores resultantes da análise fatorial exploratória realizada anteriormente nessa pesquisa. O objetivo da construção de um modelo de equações estruturais, neste caso, foi estabelecer relações causais entre essas variáveis e determinar em que medida se pode inferir, a partir dos dados, a existência dessas relações de causalidade. A análise do modelo descrito apresenta resultados estatísticos satisfatórios, segundo os diversos critérios heurísticos utilizados para avaliar a adequação dos modelos de equações estruturais.

O modelo aqui desenvolvido fundamenta-se em dois pontos essenciais e faz a hipótese teórica de que a variável latente Diálogo tem um papel determinante.

- O modelo é construído a partir da suposição teórica de que o maior nível de diálogo e o estabelecimento de procedimentos participativos nas organizações com diminuição dos comportamentos autoritários têm efeitos causais diretos em quatro outras variáveis latentes: Valores, Inércia, Inserção social e Orientação externa.
- Por sua vez, cada uma dessas quatro variáveis latentes intermediárias – Valores, Inércia, Inserção social e Orientação externa influencia as variáveis Proatividade e Formalização, que correspondem às variáveis que descrevem o comportamento de busca das firmas, previsto no modelo Daft e Weick.

Finalmente, cabe lembrar, que, de acordo com as análises realizadas, as relações de causalidade mais relevantes são as que envolvem a variável latente Valores/Identidade organizacional, o que reforça a importância teórica da gestão e dos valores e do nível simbólico como elemento de gestão.

Do ponto de vista dos indivíduos nas organizações, pressupõe-se que eles tenham sempre uma margem de liberdade de ação e que, quando adotam um modelo cognitivo ou comportamental, é porque ele corresponde aos seus interesses estratégicos e afetivos, o que nem sempre ocorre. Segundo Alfred Schütz, bem como para a maioria dos expoentes da sociologia interpretativa, o homem é um ser livre, em princípio, para decidir sobre o curso das suas ações ou por se abster de agir. Isso vale principalmente no caso de ações consideradas voluntárias, isso é, que pertencem à esfera das relevâncias volitivas, e não das impostas. O significado dessas ações surge exatamente em função de se comportar de um modo e não de outro. Ainda assim, mesmo no domínio das situações impostas, as ações do homem não são inteiramente predeterminadas. Mesmo na situação mais coercitiva, um homem pode decidir não agir conforme lhe é ordenado, se estiver disposto a aceitar as conseqüências da sua desobediência (Schütz, 1970).

Voltando à questão da interpretação que originou as preocupações de Daft e Weick na construção de modelo de interpretação ambiental, encontramos na sociologia interpretativa um elemento fundamental que pode ser resumido na proposição de Max Weber. Se a Sociologia é uma ciência interpretativa e visa reconstruir o sentido subjetivo da ação (Weber, 1968 e 1978), para entender a ação social e a ação das organizações, é preciso continuar o esforço de entender o papel dos contínuos processos de interpretação e reinterpretação que caracterizam a atividade humana.

A partir da idéia de interpretação colocada, desenvolveremos no próximo capítulo uma análise sobre as formas organizacionais modernas, discutindo especialmente os conceitos de burocracia e pós-burocracia. Esses conceitos, oriundos direta e indiretamente da teoria weberiana, são de fundamental importância para a teoria de estratégia nos dias de hoje, pois nos preparam uma questão fundamental: afinal, o que é estratégia?

Capítulo 4

Racionalidade – As Bases da Definição de um Tipo Organizacional Pós-burocrático

Este capítulo é uma revisão teórica dos conceitos de burocracia e das condições de emergência de um modelo pós-burocrático de organização, no qual as pessoas passariam a trabalhar de forma radicalmente diferente do modelo burocrático weberiano, reconhecendo a natureza coletiva e orgânica do trabalho, ajustando e continuamente redefinindo cargos, tarefas e objetivos em função do ambiente instável no qual trabalham. Nessas organizações, o empenho pessoal, ultrapassando as atribuições formais dos cargos, é valorizado e a criação de uma cultura organizacional centrada sobre a performance coletiva é incentivada; estruturas de comunicação, controle e autoridade em rede são adotadas. A autoridade é vista como resultado não apenas de propriedades formais do cargo, mas também das competências pessoais dos empregados e da sua capacidade de liderança pessoal. Tendo em vista esse discurso dominante, este capítulo faz uma revisão da teoria weberiana da burocracia, baseando-se na tese da modernização enquanto expansão da esfera de racionalidade, passando então às teorias das disfunções burocráticas e aos fundamentos da teoria da contingência, tendo em vista a construção de um debate solidamente articulado sobre a superação do tipo ideal burocrático na sociedade atual.

Introdução

Na linguagem comum, a palavra burocracia assume, na maioria das vezes, uma conotação pejorativa, sendo usualmente associada à ineficiência, ineficácia, atrasos, confusão, autoritarismo, privilégios e a outros atributos negativos. As organizações modernas são descritas como uma ruptura fundamental desses atributos da burocracia, tanto em parte da literatura especializada em administração, como na grande maioria da imprensa de grande público. Temas como gestão digital, empresas hipermodernas, economias pós-industriais e outros freqüentemente aparecem na imprensa, sugerindo que o "velho" modelo de comando e controle (típico da sociedade industrial dos séculos XIX e XX) estaria definitivamente ultrapassado e seria inexoravelmente substituído por um novo e revolucionário, fundado no engajamento dos empregados e na descentralização das decisões (*empowerment*).

Nesse novo modelo, as pessoas passariam a trabalhar de forma radicalmente diferente, reconhecendo a natureza coletiva e orgânica do trabalho, ajustando e continuamente redefinindo seus cargos, tarefas e objetivos em função do ambiente instável no qual elas se situam. Nessas organizações, o empenho pessoal ultrapassando as atribuições formais dos cargos é valorizado e a criação de uma cultura organizacional centrada sobre a performance coletiva é incentivada. Mais ainda, estruturas de comunicação, controle e autoridade em rede são adotadas. A autoridade é vista como resultado, não apenas de propriedades formais do cargo, como também das competências pessoais dos empregados e da sua capacidade de obter resultados diante da incerteza e da mudança contínua.

Claramente, o que está em discussão nesse contexto é a validade do modelo burocrático como forma dominante de estruturação das organizações. O objetivo deste capítulo é, no contexto desse debate, recapitular a evolução do conceito de burocracia desde a sua origem weberiana até as mais recentes teorias sobre organizações pós-burocráticas, passando por dois pontos de inflexão fundamentais, as teorias das disfunções burocráticas e as teorias contingenciais das organizações, que na década de 1960 introduziram na teoria organizacional as noções de ambiente e adaptação.

Burocracia e Racionalização – A Gênese Weberiana do Paradigma Burocrático

Segundo a tese weberiana de racionalização da sociedade, a modernização se constitui como um processo de expansão da racionalidade instrumental (cálculo utilitário de conseqüências) a esferas da vida social antes reguladas por formas tradicionais de interação. O conceito de racionalidade é fundamental na obra de Max Weber, ainda que seja mais complexo do que muitos autores posteriores imaginam. No contexto do pensamento weberiano, a racionalidade é vista como um procedimento de controle para dominar a realidade dentro e fora do homem. Os critérios de tal procedimento são o cálculo, a previsibilidade e a generalização, visando ao controle do mundo físico (*Weltbeherrschung*). Do ponto de vista epistemológico, Weber define dois tipos básicos de racionalidade:

a) *Zwerckrationalitat*, ou racionalidade formal instrumental, um processo que acima de tudo visa a resultados e a fins específicos. Em última análise, essa racionalidade se resume em um cálculo de adequação meios-fins, no qual os fins são dados *a priori* e a dinâmica do raciocínio se dirige à instrumentalização dos recursos para atingi-los.
b) *Wertrationalitat*, ou racionalidade valorativa substancial, um processo diverso da adequação meio-fim e voltado primordialmente para a elaboração de referências que servem de base para expectativas de valores, ao menos em tese, independentes das expectativas de sucesso imediato, gerando ações que se orientam para as propriedades intrínsecas dos atos.

Esses dois tipos de racionalidade não existem socialmente em uma separação ideal, mas se mesclam continuamente na vida diária. Mas o inegável crescimento da aplicação da racionalidade formal-instrumental é peculiar aos sistemas inseridos na economia de mercado em geral e nos sistemas burocráticos em particular.

O agir racional, admite Weber, não tem em si um sentido, o qual só vai ser dado no contexto social (Brubaker, 1984).

Porém, uma análise mais detida da tipologia de racionalidade elaborada por Max Weber revela que ela é ainda mais sofisticada, sendo freqüentemente esquecida outra dicotomia, tão importante quanto a dualidade entre instrumentalidade e substantividade. Weber diferencia também tipos de racionalidade objetiva e subjetiva. Tanto a racionalidade instrumental como a substantiva são definidas subjetivamente do ponto de vista do sujeito que as aplica. Ao definir uma modalidade objetiva[1] de racionalidade, Weber usa o termo *objektive richtigkeitsrationalitat.*

Em uma visão interpretativa da sociologia weberiana, os conceitos de racionalidade subjetiva são mais importantes, pois são as fontes da ação social, mas o reconhecimento de uma racionalidade objetiva revela aspectos significativos do pensamento de Max Weber. Em termos gerais, a racionalidade objetiva seria correspondente à racionalidade subjetiva instrumental, tendo em conta o ponto de vista de um observador neutro, ideal. Essa seria a racionalidade inerente às ciências físicas, à lógica do observador ideal (perfeitamente racional e onisciente) e não à lógica do sujeito (parcial, imperfeita e incompleta). O uso dessa modalidade racional pressupõe uma preocupação com as condições epistemológicas do conhecimento social, pois não há coincidência necessária entre o aspecto subjetivo da racionalidade e seu aspecto objetivo. Está implícita no conceito de racionalidade objetiva a existência de uma realidade física, referencial da ação objetivamente racional, que será o domínio da técnica e das ciências naturais.

Na visão de Marx, que contrasta nitidamente com a de Weber, a racionalização da sociedade opera no nível do desenvolvimento das forças produtivas, isto é, na extensão e no aperfeiçoamento do saber empírico em funcionamento nos sistemas de produção. Essa racionalização se exprime então no aperfeiçoamento de técnicas de produção e na melhoria das condições de produtividade e de extração da mais-valia, o que reveste o processo de racionalização de um caráter dialético fundamental. Dada a oposição irreconciliável de interesses entre capitalistas e proletariado, a racionalização das atividades econômicas no quadro da sociedade capitalista tem como conseqüência última a própria destruição do sistema capitalista que a gerou (realizando assim seu caráter dialético), dando origem a uma nova racionalidade expressa na sociedade comunista que marca por si o fim da evolução dialética e o fim da história.

---

[1] Objetiva, no sentido em que se dá fora do sujeito, no objeto do conhecimento, incondicionalmente em relação a ele e às suas percepções.

A visão de Weber difere da expressa por Marx em vários aspectos, especialmente quanto ao papel da racionalidade. Segundo Weber, a racionalização social se expressa fundamentalmente por meio de um processo de "desencantamento" da sociedade, da expansão do cálculo às esferas de ação antes dominadas por explicações de natureza mitológica e religiosa.

Max Weber, em *A ética protestante e o espírito do capitalismo*, procurou explicar como certos tipos de atitude religiosa protestante definiram uma ética que impulsionou, entre outros fatores, o desenvolvimento do capitalismo com o incentivo à busca racional da acumulação econômica. Segundo Weber, o *ethos* racional, oriundo da cultura protestante, causou uma influência decisiva na evolução da sociedade moderna. Sendo a graça divina revelada pelo trabalho e pelo sucesso nele visível, uma objetiva solidão emanava da sua condição humana: só pelo seu trabalho individual e pelo seu sucesso o indivíduo podia ser salvo. Nenhum sacerdote, comunidade, família ou qualquer outra entidade coletiva poderia lhe oferecer a salvação, que teria de vir das suas próprias mãos. Assim, a fé tinha de ser provada pela eficácia das ações, a *"fides efficax"*, baseada na certeza inquebrantável da salvação *"certitudo salutis"*.

Essa tese de Weber é particularmente justa na descrição do calvinismo. A reforma religiosa que começou com Lutero e continuou com Calvino teve sucesso devido a diversos fatores, tais como a falta de credibilidade do clero católico em flagrante contradição com os votos de pobreza e austeridade, as conveniências da nobreza alemã, que via oportunidade ímpar de se livrar do pagamento dos tributos à Igreja e ainda confiscar-lhe as terras.

O luteranismo manifestou-se, assim, como uma reinterpretação da doutrina cristã norteada por uma idéia de contato direto com Deus, sem a intermediação da Igreja e de conteúdo fortemente moralizante. O êxito da reforma fora da Alemanha deveu-se, em grande parte, a Calvino, um teólogo francês que ofereceu uma versão radicalizada da doutrina luterana.

Um dos elementos fundamentais na teologia de Lutero e Calvino era a noção de predestinação: a certeza fatalista de que o destino das pessoas estava traçado, ainda que não fosse conhecido, a princípio, o seu conteúdo. A ética que embasou o calvinismo destacou um tipo de desprendimento do mundo físico, um ascetismo particular que elegia o trabalho e a abnegação do consumo como a expressão do comportamento condizente com a glória de Deus e a salvação. O protestantismo nascente definiu, pois, um padrão moral de acumulação de riquezas em que o trabalho era supremamente valorizado. Esse rígido padrão moral, segundo análise weberiana, cumpriu uma dupla função:

a) permitiu uma justificação religiosa (logo moral) do processo de acumulação capitalista;
b) criou o embrião da ética burguesa do trabalho, abrindo espaço para o desenvolvimento do individualismo religioso e do racionalismo.

Um dos pontos fundamentais na contribuição de Max Weber para a análise desse problema foi justamente a colocação da explicação da evolução histórica no nível conceitual das idéias, não só como conseqüência, também como causa motora do processo de evolução histórica, invertendo a posição materialista defendida por Marx.

Uma vez definida essa posição ontológica idealista da teoria weberiana, cabe ressaltar que, após definir a Sociologia como atividade interpretativa, Weber parte para análise dos tipos ideais de autoridade legítima: a autoridade tradicional, oriunda das tradições e dos costumes, considerados imutáveis e cuja obediência não se questiona; a autoridade carismática, que advém das propriedades de liderança que se formam no interior de um grupo, dada a sua receptividade a qualidades idiossincráticas de um dos seus elementos, que assume o comando sem formalidades e é capaz de controlar comportamentos dos outros membros desse grupo, e, finalmente, a autoridade racional-legal, que é o tipo de autoridade surgida em função da norma abstrata e da obediência a uma organização formal e despersonalizada. Esses três tipos de autoridade, na prática, podem ser encontrados em combinações diversas, mas, no mundo moderno, a autoridade racional-legal vai adquirindo cada vez mais importância como base e fundamento operacional da burocracia. Nas palavras de Weber a burocracia se caracteriza da seguinte forma:

> Dominação legal em virtude de estatuto. Seu tipo mais puro é a dominação burocrática. Sua idéia básica é: qualquer direito pode ser criado e modificado mediante um estatuto sancionado corretamente quanto à forma. (...) Obedece-se não à pessoa em virtude de seu direito próprio, mas à regra estatuída, que estabelece ao mesmo tempo a quem e em que medida se deve obedecer. Também quem ordena obedece, ao

emitir uma ordem, uma regra: à "lei" ou "regulamento" de uma norma formalmente abstrata. O tipo daquele que ordena é o "superior", cujo direito de mando está legitimado por uma regra estatuída, no âmbito de uma competência concreta, cuja delimitação e especialização se baseiam na utilidade objetiva e nas exigências profissionais estipuladas para a atividade do funcionário. O tipo do funcionário é aquele de formação profissional, cujas condições de serviço se baseiam num contrato, com um pagamento fixo, graduado segundo a hierarquia do cargo e não segundo o volume de trabalho, e direito de ascensão conforme regras fixas. Sua administração é trabalho profissional em virtude do dever objetivo do cargo. Seu ideal é: proceder *sine ira et studio*, ou seja, sem a menor influência de motivos pessoais e sem influências sentimentais de espécie alguma, livre de arbítrio e capricho e, particularmente, "sem consideração da pessoa", de modo estritamente formal segundo regras racionais ou, quando elas falham, segundo pontos de vista de conveniência "objetiva". O dever de obediência está graduado numa hierarquia de cargos, com subordinação dos inferiores aos superiores, e dispõe de um direito de queixa regulamentado. A base do funcionamento técnico é a disciplina do serviço (p. 129-30).

Enfim, Weber define claramente a burocracia como o tipo ideal de organização que aplica, em sua forma mais pura, *a autoridade racional-legal*. Nesse sentido, não é correto afirmar que a burocracia é um tipo organizacional que se caracteriza pela aplicação da racionalidade instrumental. Outros formatos organizacionais não-burocráticos também são fortemente orientados por critérios de racionalidade instrumental, no entanto, o que define uma burocracia enquanto tal, no sentido weberiano, é a adoção de modos de autoridade racional-legal.

As Teorias das Disfunções Burocráticas – A Burocracia como Irracionalidade

Embora a contribuição básica de Weber à análise da burocracia seja identificá-la ao processo de racionalização do mundo moderno, seria um grave erro confundir Max Weber com um defensor incondicional da burocracia. Na análise weberiana, o agir racional com respeito a fins é responsável pelo desenvolvimento científico e intelectual e por um notável crescimento da civilização ocidental, mas também tem um caráter de desencanto e desmistificação do mundo (Habermas, 1987), o que alguns autores descrevem como um problema intrínseco de irracionalidade ética (Brubaker, 1984), isto é, a racionalidade instrumental em si não garante a adequação moral dos resultados obtidos (Berman, 1988). A burocracia como expressão organizada da autoridade racional-legal tem, então, uma contradição que lhe é inerente. Weber expressa claras preocupações nesse sentido, o que levou à idéia da burocracia como uma gaiola de ferro – *stahlhartes gehäuse* (Baehr, 2001).

> É horrível pensar que um dia o mundo estará transformado em uma máquina de minúsculas engrenagens, homens pequenos agarrando-se a empregos sem importância em busca de posições melhores (...). Essa paixão pela burocracia (...) é capaz de levar uma pessoa ao desespero (...). O mundo só conhece estes homens – e – é essa a situação a que já chegamos. A grande pergunta não é, portanto, como podemos promovê-la e apressá-la, mas o que opor a esse mecanismo para conservar uma parte da humanidade livre dessa fragmentação da alma, desse domínio supremo do modo burocrático de vida.

A transição da teoria weberiana de origem européia para a sociologia americana foi feita inicialmente por Talcott Parsons, que enfatizou a racionalização das organizações como um reflexo do movimento geral da racionalização da sociedade.

Segundo Parsons, uma organização é definida pela primazia de um determinado tipo de meta e o foco do seu sistema de valores terá de ser o da legitimação das suas metas, em termos do significado funcional da sua consecução para o sistema superior (isto é, o sistema social) e, em segundo lugar, a legitimação da primazia dessa meta sobre outros possíveis interesses e valores da organização e dos seus membros. Os valores de uma empresa constituem, dessa maneira, uma versão ou uma aplicação empírica da "racionalidade econômica" abstrata, que legitima as metas da produção de bens e serviços. A dedicação da organização (e, portanto, os recursos que controla) em relação à produção é assim legitimada, como o é também a manutenção da primazia dessa meta sobre outros interesses funcionais que podem surgir na organização.

Para a empresa, o retorno sobre o investimento realizado constitui a medida essencial de sua performance e símbolo de sucesso e, assim, é parte da estrutura de metas da organização, o que apenas pode ser entendido no quadro de uma ética social derivada da ética protestante descrita por Weber. Segundo as palavras do autor (Parsons, 1976):

> No sentido mais amplo, os valores organizacionais legitimam sua existência (da organização) como sistema. Porém, de forma mais específica, legitimam os principais padrões funcionais necessários à implementação dos valores, nesse caso a meta do sistema, em condições típicas da situação concreta. Portanto, além da legitimação do tipo de meta e de sua primazia sobre outros interesses, haverá a legitimação de várias categorias das submetas relativamente específicas e dos processos operacionais necessários para sua consecução. Haverá, além disso, regras normativas, que governarão os processos adaptativos da organização, princípios gerais de encomenda e manejo dos materiais, regras ou princípios a governar a integração da organização, particularmente na definição das obrigações de lealdade dos participantes para com a organização, em comparação com as lealdades que sustentam em outros papéis (p. 47).

Outra linha importante da sociologia americana surge paralela e simultaneamente à teoria parsoniana e origina-se de estudos focados nas diversas disfunções apresentadas por organizações burocráticas. As disfunções da burocracia foram analisadas por sociólogos como Merton e Selznick, que constituíram o núcleo fundador da teoria organizacional de base sociológica nos Estados Unidos a partir dos anos 1940. Robert K. Merton, entre outras ricas análises das disfunções burocráticas, apresenta uma teoria de disfunções estruturais fundadas sobre o conceito de *fontes estruturais da superconformidade*, na qual são analisados casos de radicalização e descontextualização dos objetivos e procedimentos burocráticos, que passam a ser objetivos em si, independentemente de sua finalidade, reduzindo assim a capacidade de adaptação das organizações, gerando altos níveis de ineficácia organizacional (Merton, 1968).

Philip Selznick concentra sua análise especialmente na interação entre sistemas formais e informais. Sua análise parte do princípio que a análise racional do trabalho e dos fluxos de informação define as estruturas formais das burocracias, mobilizando habilidades técnicas e administrativas pela coordenação e pelo arranjo sistemático de cargos formalmente definidos, determinando uma cadeia de comando clara e transparente, possibilitando a integração de funções especializadas. Mas Selznick contrapõe a esse universo racionalista da organização formal outro universo informal, no qual aspectos não-racionais da conduta e da personalidade humana emergem (Selznick, 1976).

> Vista sob esse ângulo (da racionalização), a organização formal constitui a expressão estrutural da ação racional (...). Mas, à medida que inspecionamos essas estruturas formais, começamos a verificar que jamais acontece conquistarem as dimensões não-racionais do comportamento organizacional. O último, desde logo, apresenta-se como indispensável para a existência continuada do sistema de coordenação e, ao mesmo tempo, como fonte de fricção, dilemas, dúvidas e ruína. Esse paradoxo fundamental resulta de que os sistemas de ação racional estão inexoravelmente incorporados a uma matriz institucional, em dois sentidos significativos: 1) o sistema de ação — ou a estrutura formal da delegação e controle que representa sua expressão organizacional — é em si mesmo um aspecto de uma estrutura social concreta composta de indivíduos entre os quais pode se processar a interação como entidades completas ou integrais e não simplesmente em termos dos seus papéis formais dentro do sistema; 2) o sistema formal e a estrutura social dentro da qual encontra a sua existência concreta são igualmente sujeitos à pressão de um ambiente institucional em relação ao qual terá de ser feito um ajuste ou adaptação generalizada. A configuração administrativa formal nunca poderá refletir adequada ou completamente a organização concreta a que se refere, em conseqüência da evidente razão de que nenhum plano ou padrão abstrato (desde que se pretenda que sejam úteis) pode descrever exaustivamente uma totalidade empírica (p. 91).

Paralelamente, a idéia que organizações burocráticas não representavam um ideal de racionalidade e eficiência passou a ser cada vez mais evidente com o crescimento das grandes organizações no correr do século XX.

Peter Drucker, na década de 1950, reflete esse desencantamento com a eficiência da burocracia, ao discutir o papel das instituições de serviço público e dos órgãos de *staff* nas empresas privadas (Drucker, 1977), alguns dos predecessores de uma das principais vertentes da teoria organizacional: a teoria da contingência que, por volta da década de 1960, começa a definir os contornos e as condições de emergência dos modelos organizacionais divergentes do modelo burocrático weberiano.

Introduzindo as Noções de Ambiente e Adaptação – O Argumento Contingencial

Tendo em vista o questionamento da validade universal do modelo racional-burocrático, que se fazia cada vez mais forte a partir da difusão do pensamento humanista oriundo da escola de relações humanas que se opunha ao racionalismo taylorista (e também ao aparecimento dos estudos sobre as disfunções burocráticas anteriormente analisadas), a abordagem que passou a ser conhecida como teoria da contingência surgiu como uma síntese das principais noções propostas pela teoria dos sistemas (von Bertalanffy, 1977), com pesquisas focalizando aspectos como liderança, motivação, satisfação no trabalho, estrutura formal e teoria da decisão que, desde os estudos de Simon, March e Lindblon, colocava em questão o paradigma da racionalidade perfeita nas decisões administrativas (March e Simon, 1958; Lindblon, 1970).

O estudo pioneiro de Burns e Stalker sobre sistemas de gestão (Burns e Stalker, 1961) introduz alguns dos conceitos fundamentais da teoria da contingência que foram desenvolvidos em seguida por outros autores como Thompson, Lawrence, Lorsch e Perrow. Inicialmente, Burns e Stalker caracterizam as organizações como sistemas de interpretação dos sinais do ambiente. A análise efetuada por esses autores se baseia inicialmente no estudo dos processos de fabricação de raiom em uma usina inglesa. Após uma descrição detalhada dos processos de fabricação ali empregados, os autores evidenciam os métodos rígidos e a divisão de trabalho extremamente estruturada que caracterizam o *modus operandi* daquela fábrica. Em seguida, a análise de uma segunda organização no setor eletroeletrônico, uma empresa especializada no desenvolvimento de novas tecnologias de televisão a cores, lidando com os mais avançados recursos disponíveis naquela época. A análise dos métodos administrativos dessa segunda empresa revela um quadro diferente daquele evidenciado na fábrica da raiom: os procedimentos, os padrões de divisão do trabalho e a hierarquia são muito mais fluidos e flexíveis do que no primeiro caso.

Burns e Stalker definem então dois sistemas de gestão: o modelo mecânico e um sistema alternativo, a que eles denominam modelo orgânico, que são definidos como tipos ideais no sentido weberiano – isto é, construções teóricas representando pólos opostos que orientam a formação dos sistemas reais de administração. É importante notar que Burns e Stalker ressaltam que nenhum sistema prático de gestão adere integralmente ao modelo orgânico ou ao mecânico. Os sistemas concretos de administração contêm necessariamente elementos dos dois sistemas em combinações *ad hoc* adaptadas às suas condições locais.

Posteriormente, em 1967, três contribuições independentes deram novo impulso à idéia que as organizações se definem por processos de adaptação às condições ambientais. Esses três trabalhos (Lawrence e Lorsch, 1967; Perrow, 1967; Thompson, 1967) fornecem três visões diferentes e complementares das relações entre organização e meio ambiente. Apesar das suas diferenças estruturais, as principais noções enfatizadas por esses autores são:

- a organização e seu ambiente estão em estado de dependência mútua, interagindo continuamente;
- as organizações devem se adaptar às restrições impostas pelos seus ambientes;
- as organizações são compostas por subsistemas interdependentes, cujas interações devem ser coordenadas.

Segundo Lawrence e Lorsch, os quatro subsistemas mais importantes são: o *estratégico*, o *operacional*, o *humano* e o *administrativo*. Esses quatro subsistemas fundamentais podem seguir duas orientações distintas: mecânica ou orgânica.

O subsistema *estratégico*, responsável pela formulação dos objetivos gerais da organização e das políticas a serem seguidas para alcançá-los, pode se centrar na definição de sistemas formais de planejamento e controle (orientação mecânica) ou no desenvolvimento de sistemas flexíveis e contextuais de aprendizagem coletiva (orientação orgânica).

O subsistema *operacional*, composto pelo conjunto de rotinas e procedimentos operacionais da organização, pode se dirigir para a elaboração de sistemas estritos de regras formais e definir cargos com autonomia reduzida (orientação mecânica), ou ainda, se dirigir para a elaboração de sistemas mais flexíveis e definir cargos com ampla autonomia (orientação orgânica).

O subsistema *humano* é composto pelos sistemas de gestão de recursos humanos e pelos mecanismos de motivação empregados pela organização. Esse sistema pode se basear no conceito clássico de *homo economicus* (orientação mecânica) ou valorizar os fatores psicossociais de motivação (orientação orgânica).

Finalmente, o subsistema *administrativo* pode focalizar um estilo de gestão autoritário (orientação mecânica) ou um estilo de gestão participativo (orientação orgânica).

Esses quatro subsistemas se inserem em um quadro conceitual mais amplo, no qual as organizações são vistas como sistemas sociais de organização do trabalho, que se baseiam em modos distintos de diferenciação e integração de tarefas individuais. Segundo esses autores, a função primordial das organizações é estruturar e organizar a divisão do trabalho coletivo, atribuindo tarefas individuais, garantindo em seguida a coordenação das atividades individuais para a obtenção de um esforço coletivo coerente. O modelo de diferenciação-integração corresponde, assim, a um processo de análise e síntese do trabalho coletivo na organização (Lorsch e Lawrence, 1965). Segundo esse modelo, as organizações de melhor performance são aquelas capazes de estabelecer um equilíbrio dinâmico entre diferenciação e integração, adaptando esse equilíbrio às condições ambientais. A conclusão lógica desse modelo é a noção de alinhamento estratégico (*strategic fit*) entre o modelo de gestão adotado pela organização e as características do ambiente. Segundo esse princípio, ambientes estáveis e previsíveis demandam o modelo mecânico, ao passo que ambientes instáveis e turbulentos demandam a adoção do modelo orgânico de gestão, como já haviam colocado Burns e Stalker. Segundo a proposição de Lawrence e Lorsch, o alinhamento estratégico contribui para a performance das organizações porque o modelo mecânico é incapaz de se adaptar às mudanças freqüentes dos ambientes instáveis e o modelo orgânico representa uma complexidade custosa e desnecessária em condições estáveis.

A principal diferença entre a pesquisa de Burns e Stalker e a contribuição de Lawrence e Lorsch é o caráter normativo dessa segunda.

Enquanto Burns e Stalker limitaram-se a uma descrição detalhada dos dois modelos de gestão e suas ligações com o ambiente, Lawrence e Lorsch adotaram uma perspectiva mais normativa, mostrando que a performance financeira das organizações que se alinharam às condições ambientais era significativamente maior que a performance das organizações que não obedeciam a esse critério.

Da mesma forma que Lawrence e Lorsch, James Thompson formou uma teoria contingencial fundada na noção de sistemas abertos, focalizando as relações da organização com o seu ambiente (Thompson, 1967).

No entanto, o argumento teórico desenvolvido por Thompson difere fundamentalmente das teorias de Burns e Stalker e de Lawrence e Lorsch, pois, em suas formulações teóricas, Thompson sugere que as organizações possuam um núcleo técnico (processos operacionais e tecnológicos), fluxos de entrada (matérias-primas, capital, recursos humanos etc.) e de saída (bens e serviços). Segundo eles, as organizações tentam isolar o seu núcleo técnico das perturbações induzidas pelas variações ambientais. Para atingir esse objetivo, as organizações utilizam mecanismos de estabilização que visam antecipar as variações dos fluxos de entrada e saída, a fim de reduzirem seus efeitos. A teoria de Thompson se organiza em torno de uma série de hipóteses sobre o comportamento das organizações submetidas a normas de racionalidade (*under norms of rationality*).

Após analisar as características das organizações em equilíbrio com seu ambiente, Thompson sugere que, nas organizações nas quais a incerteza e as decisões qualitativas (*judgmental decisions*) são predominantes, o poder da coalizão dominante deve ser mais elevado, ao passo que nas organizações nas quais a previsibilidade e as decisões estruturadas (*computational decisions*) são predominantes, o poder da coalizão dominante deve ser mais diluído. Em suma, a teoria de Thompson se fundamenta em três postulados fundamentais:

1. Não existe uma maneira ótima de estruturar organizações complexas. Cada tipo de ambiente impõe restrições (*constraints*) diferentes que condicionam organizações de formatos distintos.

2. As organizações tentam diminuir a amplitude e o impacto das variações dos recursos dos quais dependem. Caso essas variações possam ser isoladas, as organizações submetidas a normas de racionalidade estabelecem procedimentos e normas para aumentar a eficiência de suas rotinas operacionais.
3. Para se adaptar às restrições ambientais, as organizações devem modificar suas estruturas formais, assim como seu estilo de gestão, seus processos de decisão e seu equilíbrio de poder.

De acordo com esses três postulados, as organizações são comparadas a um organismo vivo, um sistema dotado de um conjunto de filtros destinados a converter a variabilidade ambiental em simplicidade operacional (estabilidade, previsibilidade).

Seguindo uma linha similar à de Thompson e à de Lawrence e Lorsch, Charles Perrow realizou importantes estudos sobre a influência da tecnologia sobre as estruturas organizacionais, dentro do quadro da teoria da contingência. Em seu artigo de 1967, Perrow define a tecnologia como a característica mais importante das organizações (Perrow, 1967).

Nessa obra, ele considera as organizações como arranjos de recursos que visam transformar matérias-primas em produtos. Nesse contexto, as matérias-primas podem ser objetos inanimados, seres vivos ou informação. A estrutura da organização é assim definida pelos padrões (*patterns*) de interação entre as pessoas, visando à transformação das matérias-primas. O autor define em seguida duas características essenciais desses processos de transformação:

- variação: o número de casos excepcionais a serem tratados pela organização, representado pela diversidade das matérias-primas e produtos;
- pesquisa: a natureza do processo de criação de soluções nas situações de exceção. A primeira forma de pesquisa de soluções é a análise lógica estruturada; a segunda, utilizada no caso de problemas não-estruturados, é fundamentada na intuição e processos seqüenciais de tentativa e erro.

Essas duas características combinadas formam quatro tipos de tecnologia organizacional:

- a tecnologia artesanal (*craft*) caracterizada por problemas não-analisáveis, tratados por meio de conhecimentos tácitos, nos quais as exceções aos procedimentos normais são raras e controláveis;
- a tecnologia de rotina (linhas de montagem e fluxos burocráticos), caracterizada por problemas analisáveis, tratados por normas e procedimentos, nos quais as exceções aos procedimentos normais também são raras e controláveis;
- a tecnologia de engenharia (p. ex., mecânica pesada), caracterizada por problemas analisáveis, tratados normalmente por intermédio de normas e procedimentos, mas nos quais as exceções aos procedimentos normais são freqüentes e exigem a revisão constante desses;
- a tecnologia da não-rotina (p. ex., setor aeroespacial), caracterizada por problemas não-analisáveis, tratados por conhecimentos tácitos e explícitos, nos quais as exceções aos procedimentos normais são muito freqüentes, de forma que cada problema tem de ser abordado em uma perspectiva *ad hoc*.

Tendo em vista essas classificações, Perrow define quatro tipos de organização que têm suas estruturas de tarefa (*task structures*), sociais (*social structures*) e seus objetivos organizacionais determinados pelos tipos de tecnologia utilizados. Nesse artigo, Perrow introduz uma forma particular de determinismo, o determinismo tecnológico, no qual as principais variáveis organizacionais são definidas em função da tecnologia adotada. No entanto, é preciso ressaltar que o conceito de tecnologia utilizado por esse autor é suficientemente amplo para incluir os procedimentos internos de tratamento de informação, e os diversos fluxos de entrada e saída que caracterizam a organização como um sistema aberto. Seguindo uma lógica de alinhamento estratégico (*strategic fit*) similar à utilizada por Thompson, Lawrence e Lorsch, Perrow afirma que a complexidade ambiental (os problemas que a organização enfrenta) define a forma que a organização deve assumir para sobreviver.

Essa revisão das origens da teoria da contingência mostra que, entre 1956 e 1967, uma série de trabalhos fundamentais construiu uma sofisticada teoria administrativa, condicionando as características das organizações às condições do seu ambiente imediato. Essas teorias basearam-se em conceitos diversos, tais como sistemas de interpretação (Burns e Stalker), texturas causais (Emery e Trist), alinhamento estratégico (Lawrence e Lorsch), estabilização de variações (Thompson) e determinismo tecnológico (Perrow). Todas essas teorias focalizaram a heterogeneidade dos ambientes nos quais as organizações inserem-se e destacaram a necessidade de um acordo, de uma harmonização entre as características estruturais e sociais das organizações e os fatores que compõem seu ambiente. Essa proposição, que condensa a mensagem da teoria da contingência, significa o abandono de um modelo único de administração, que seria adequado a todas as condições e a todas as situações organizacionais.

Definindo o Modelo Pós-burocrático – Buscando uma Base de Legitimidade

Ao introduzir as noções de ambiente e adaptação no debate organizacional, os teóricos da contingência também lançam a idéia de um novo modelo organizacional, superando a rigidez do modelo burocrático, enquanto aplicação da autoridade racional-legal.

O modelo mecânico, tal qual definido por Burns e Stalker (ver Quadro 4.1), corresponde a uma aplicação dos princípios da burocracia weberiana. Trata-se de um sistema de controle formal, baseado na hierarquia formal da organização, com pouca margem de liberdade, sem incentivos à inovação e à mudança, baseado no controle dos procedimentos efetuados e que visa à eficiência na execução de procedimentos conhecidos e repetitivos. Esse sistema se fundamenta em instruções explícitas, comunicação formal e em um alinhamento claro entre estrutura de comando e comunicação, sendo assim um sistema que fundamenta a sua autoridade em uma relação hierárquica de cunho legal exercida por delegação, tendo os chefes e gerentes como delegados dos direitos de propriedade dos capitalistas.

No entanto, o modelo orgânico, tal qual definido por esses autores, corresponde a um tipo de organização que não pode ser enquadrado como burocracia dentro da definição weberiana. As margens de liberdade são grandes e não especificadas na descrição formal dos cargos. Controlam-se resultados, mas não procedimentos. No modelo orgânico, a hierarquia é informal e temporária, não deriva de normas formais e sim do reconhecimento de competências pelo grupo, da capacidade de liderança. Estruturas de controle, autoridade e comunicação configuram-se em redes. Valoriza-se empenho pessoal além das definições formais e os fluxos de comunicação e

Quadro 4.1 – Sistemas mecânicos e orgânicos, segundo Burns e Stalker (1960)

Sistema mecânico	Sistema orgânico
Adaptado a condições ambientais estáveis, nas quais as organizações competem, em termos de eficiência	Adaptado a ambientes instáveis, caracterizados por fluxos de novos problemas e de exigências imprevistas, nos quais as organizações competem em termos de eficácia e inovação dinâmica
Diferenciação precisa das tarefas organizacionais	Natureza contributiva (coletiva) do conhecimento necessário à realização do trabalho
Busca pelo aperfeiçoamento técnico	Natureza "realista" das tarefas individuais
Hierarquia com papel de supervisão	Ajustamento e redefinição contínua das tarefas individuais por meio da interação com os outros
Definição precisa dos direitos, deveres e métodos de cada posto de trabalho	Definição da responsabilidade como um campo restrito de direitos, deveres e métodos
Tradução desses direitos, deveres e métodos, em termos de responsabilidades hierárquicas	Valorização do empenho pessoal, ultrapassando as definições técnicas
Estrutura hierarquizada de controle, autoridade e comunicação	Estrutura de controle, autoridade e comunicação em rede
Reforço da hierarquia com a apropriação exclusiva das informações externas pelos níveis superiores	Dispersão do conhecimento e do acesso à informação
Tendência à interação vertical	Comunicações laterais
Tendência a seguir instruções explícitas	Ênfase em conselhos e difusão de informação em lugar de ordens e instruções
Lealdade e obediência como condições de integração à organização	Competência e engajamento mais valorizados que lealdade e obediência
Maior valor atribuído ao conhecimento prático e local (especializado)	Maior valor atribuído à competência genérica e multifuncional
Foco na eficiência operacional	Foco na resolução de problemas

autoridade não se alinham. Observa-se uma forte dispersão do conhecimento e do acesso à informação que não tende a se compartimentalizar, como no caso do modelo burocrático típico. Acima de tudo, a autoridade não deriva de posições formais na hierarquia, mas de relações grupais e pessoais que passam pela capacidade pessoal de liderança de cada empregado, ou seja, os principais elementos da definição de uma organização burocrática no sentido weberiano não estão presentes na definição do tipo orgânico de Burns e Stalker, o que leva à constituição de um tipo não-burocrático (ou pós-burocrático) de organização, definido principalmente a partir da "implosão" do controle organizacional visível (Nohria e Berkley, 1993), que passa a ser substituído por formas mais sutis de controle social.

É importante notar que, de acordo com a teoria da contingência, esse tipo de organização somente é viável em ambientes instáveis e com tecnologias que requeiram respostas organizacionais de inovação e de adaptação. Assim, pode-se argumentar que são exatamente essas as condições prevalecentes nos ambientes organizacionais atuais. Nesse sentido, alguns autores têm se empenhado, recentemente, em definir um tipo organizacional pós-burocrático, baseados na observação constante que formas participativas do tipo orgânico são parte corrente do *modus operandi* das organizações modernas e que os critérios de constituição de autoridade, legitimidade e eficiência dessas organizações não são os mesmos definidos por Weber ao descrever as organizações do final do século XIX.

Mais recentemente, autores definem o tipo organizacional pós-burocrático como organizações simbolicamente intensivas, produtoras de consenso pela institucionalização do diálogo. Essas organizações seriam mais especificamente caracterizadas por: (1) constituir grupos de trabalho flexíveis e forças-tarefa temporárias com objetivos claros, (2) criar espaços para diálogo e conversação, (3) enfatizar confiança mútua, (4) usar o conceito de missão como ferramenta estratégica, (5) disseminar informação, criar redes de difusão e recuperação de conhecimento, (6) criar mecanismos de *feedback* e avaliação de performance por *peer review*, (7) criar capacidade de resiliência e flexibilidade na organização (Heckscher, 1993; Nonaka, 1993; Hedlund, 1994; Christensen, 1997; Coriat e Dosi, 1998; Hagstrom e Hedlund, 1998; Gulati, Nohria et al., 2000; Weick, 2001 e Weick, 2001a). No entanto, organizações baseadas em princípios como esses são particularmente raras e, na verdade, mesmo os mais ardentes defensores do conceito de pós-burocracia concedem que, como tipo ideal, organizações verdadeiramente pós-burocráticas não existem[2].

[2] Notar que, segundo o conceito weberiano de tipo ideal, a inexistência concreta de um exemplar de organização pós-burocrática completa não desautoriza a constituição do tipo ideal pela composição das características parciais de várias outras organizações.

A proposta essencial contida nas idéias desses autores é que essas "ilhas" de comportamento pós-burocrático que por enquanto estão contidas nas estruturas burocráticas possam evoluir em direção a um modelo organizacional estável e consolidado, capaz de se institucionalizar como dominante.

Mas, nesse caso, cabe uma questão de fundamental importância: no início deste capítulo, vimos como a autoridade racional-legal fornece o fundamento de legitimidade da burocracia. No caso de um modelo pós-burocrático, qual o fundamento de legitimidade? A resposta mais plausível a essa questão é que o modelo pós-burocrático se baseia na recuperação da autoridade carismática e na sua inserção limitada dentro de contextos burocráticos, visando dinamizá-los. Essa hipótese explicaria por que organizações puramente pós-burocráticas não existem (por não ser possível construir duravelmente organizações de grande porte baseadas exclusivamente em padrões de autoridade carismática[3]). A organização pós-burocrática permanece assim limitada a enclaves não-burocráticos (legitimados carismaticamente), dentro de um universo ainda largamente normativo, legitimado pela autoridade racional-legal.

Nesse caso, a idéia de uma organização pós-burocrática real, cumprindo integralmente todos os requisitos de autonomia, aprendizagem, flexibilidade, confiança e diálogo não será viável, a não ser que se redefina um critério de legitimidade sobre o qual ela repousará. Isso implica compreender como se dão os processos de institucionalização do carisma, as dinâmicas de liderança, motivação, comprometimento e trabalho em grupo, de forma mais profunda, uma vez que esses elementos, periféricos para o modelo burocrático, são absolutamente centrais para o funcionamento dos enclaves pós-burocráticos que o flexibilizam no contexto do capitalismo moderno.

Definir que as organizações modernas são essencialmente burocracias tem conseqüências importantes para o conceito de estratégia nas organizações. O Capítulo 5 visa examinar algumas dessas implicações.

---

[3] Notar, no entanto, que Weber ressalta que toda burocracia depende, em última instância, de uma autoridade suprema não-burocrática. Esse ponto será explorado em detalhes mais adiante.

Capítulo 5

Intencionalidade – Estratégia, Metanormas e Inteligência Artificial

Neste capítulo, argumentamos que a estratégia de uma organização pode ser vista como uma interpretação do mundo exterior e da organização, cristalizada em uma metanorma pressuposta que define os objetivos e os problemas a serem resolvidos pelo conjunto de regras e de normas de decisão interconectadas que caracteriza uma burocracia. Em seguida, com o conceito de sistemas intencionais, argumentamos, no entanto, que a estratégia de uma organização (a metanorma pressuposta que dá sentido ao seu conjunto de normas inferiores – rotinas e procedimentos) é, em primeiro lugar, uma simplificação cognitiva (uma hipótese operacional) por parte de agentes externos e internos (para poder compreender e prever o comportamento dessas organizações). Em resumo, dentro desse conceito, argumentamos que organizações não têm estratégias, mas estratégias são a elas atribuídas por ser prático fazê-lo.

Introdução – Estratégia e um Jogo Não-convencional de Xadrez

O xadrez é um jogo de reconhecida complexidade. Ainda que seja matematicamente finito, ele contém elementos que resultam em uma explosão combinatória que levam a um número de possibilidades de jogadas extremamente grande. Por causa disso o xadrez tem sido descrito por analistas em termos essencialmente metafóricos, e a intuição tem sido evocada como um dos elementos-chave na forma de jogá-lo, nas palavras de Garry Kasparov, campeão mundial de xadrez por mais de 20 anos.

Imaginemos, no entanto, um jogo de xadrez heterodoxo. No lugar de dois jogadores se enfrentado (dois humanos ou um humano e um computador ou dois computadores), teríamos 32 jogadores jogando simultaneamente em um mesmo tabuleiro de 64 casas, cada um movendo, independentemente dos outros jogadores cada uma das 32 peças (16 brancas e 16 pretas). Imaginemos ainda, em uma evolução desse cenário, que esses jogadores estão divididos em equipes (brancas e pretas) e que cada um tem como objetivo a vitória da sua equipe.[1] Há duas formas de descrever esse jogo:

1) Descrever o jogo em termos das interações individuais dos 32 jogadores, dos seus papéis e das suas estratégias individuais, perguntando-se como eles jogariam. Que comunicações ocorreriam? Que alianças evoluiriam entre eles? Que estruturas de autoridade emergiriam da sua inter-relação?
2) Descrever o jogo em termos de estratégias supostas de cada grupo de 16 jogadores (brancas e pretas), supondo que os 16 jogadores de cada lado sejam imbuídos de uma "mente coletiva", supondo uma racionalidade centralizada que guia o comportamento dos jogadores individuais.

Em geral, a segunda interpretação permite uma descrição bem mais parcimoniosa e racional do jogo, ainda que menos acurada que a primeira.

Neste trabalho, argumentamos que organizações complexas, com seus intrincados jogos de poder e significado são, de certa forma, como o jogo de

---

[1] Metáforas similares a essa foram propostas por Weick e por March e Olsen.
Weick, em seu famoso artigo que introduz o conceito de *loosely coupled systems*, propõe que as organizações, especialmente na área de educação, podem ser entendidas como um grande jogo de futebol não-convencional. Nesse jogo o campo é redondo e há várias traves espalhadas ao acaso pelas suas bordas, as pessoas podem entrar e sair do jogo quando bem entendem e jogar com quantas bolas quiserem. Além de tudo, o jogo se passa em uma ladeira.

xadrez com 32 jogadores. As estratégias ocorrem no nível individual (cada jogador ou membro da organização é um ser com intenção e consciência próprias), mas analistas externos interpretam a lógica dos movimentos agregados dos jogadores, supondo a existência (e a intencionalidade) de uma mente coletiva.

Na literatura sobre inteligência artificial, esses sistemas são descritos como intencionais e sua análise insere-se em uma longa tradição filosófica que se dedica a pensar em quais condições podemos considerar que uma máquina seja capaz de pensar. A seguir, desenvolveremos o conceito de sistema intencional (Dennett, 1981) e mostraremos como esse conceito pode ser usado para explicar a atribuição e a interpretação das estratégias nas organizações.

Em seguida, argumentamos que as estratégias organizacionais podem ser entendidas como metanormas que dão coerência ao conjunto hierarquicamente estruturado de normas (rotinas, procedimentos), as quais constituem o cerne da operação de uma organização burocrática. Nessa perspectiva, podemos argumentar que a estratégia não é um atributo intrínseco da organização, mas sim uma interpretação (uma simplificação operacional) do observador para criar sentido em um conjunto desarticulado de ações individuais (essas, sim, intrinsecamente estratégicas). Em outras palavras, estamos aqui argumentando que organizações não possuem estratégias, mas que pessoas têm estratégias, no sentido estrito de intencionalidade. Ao contrário, nós (observadores) dizemos que organizações têm estratégias porque pensar assim facilita nossa compreensão do seu funcionamento. A comparação com um jogo de xadrez permite exemplificar essa proposta.

O Papel da Estratégia na Organização Burocrática – Estratégia como Metanorma

Como exposto anteriormente, Max Weber considerava a expansão da burocracia o estágio final de um processo de racionalização que envolvia todos os aspectos das sociedades modernas (Weber, 1919). Ele descrevia a burocracia como um conjunto de estruturas hierárquicas sólidas que apresentavam definições estritas do procedimento prescrito para todas as funções, assim como as competências e responsabilidades associadas a elas.

Nesse sentido, o exemplo clássico de uma burocracia, como descrito por tal autor e retomado por autores modernos é o exército prussiano, quando organizado sob o governo de Frederico o Grande, no século XVIII.[2] Dizia-se que os soldados prussianos deviam temer mais seus oficiais que o inimigo, e que a habilidade em se vencer uma batalha estava associada à disciplina e à ordem – se o exército perdesse a coordenação, seria vencido.

Em uma organização burocrática, a legitimidade é obtida com normas escritas na forma de proposições condicionais (*se X, então Y*). As regras formais "se – então" definem a estrutura organizacional, as competências exigidas e as responsabilidades de cada posto de trabalho, os procedimentos de recrutamento e as fronteiras organizacionais. De uma perspectiva estritamente burocrática, uma organização é um conjunto de normas interconectadas. O tipo ideal de burocracia é um modelo de organização com o objetivo de melhor lidar com decisões padronizadas. As regras formais que definem a burocracia são coletivamente equivalentes a um algoritmo de decisão, porque são aplicadas de forma seqüencial em um processo de tomada de decisão estruturado para otimizar os meios conhecidos e alcançar resultados que *a priori* são conhecidos, explícita ou implicitamente.

É importante notar que Weber dizia que nenhuma organização pode ser totalmente burocrática. Segundo ele, uma organização burocrática deve ter pelo menos um líder não-burocrático.

Essa proposição é semelhante ao modelo de ordenamento jurídico descrito por Hans Kelsen, em sua *Teoria Pura do Direito*. Kelsen, um dos maiores expoentes do positivismo jurídico na Alemanha e nos Estados Unidos,[3] propunha um modelo de ordenamento normativo, no qual todas as normas vigentes em um sistema jurídico estavam interconectadas por relações de autorização de natureza hierárquica.

Segundo Kelsen, em sua *Teoria Pura do Direito*:

> Se o Direito é concebido como uma ordem normativa, como um sistema de normas que regulam a conduta dos homens, surge a questão:

---

[2] Exemplos antigos de disciplina e orientação racional nas operações militares são encontrados nas legiões romanas e na falange macedônica, arranjos de tropas baseados na obediência e disciplina, tática muito bem-sucedida em seu tempo.

[3] Hans Kelsen foi professor nas Universidades de Viena e Colônia, no contexto dos países de língua alemã e sistema jurídico napoleônico (codificado), antes de se transferir para a University of California em Berkeley, onde continuou seus ensinamentos de filosofia do direito no contexto anglo-saxão da *Common Law*, tendo causado um impacto significativo no ambiente jurídico norte-americano.

> o que é que fundamenta a unidade de uma pluralidade de normas? Por que é que uma norma determinada pertence a uma determinada ordem? E essa questão está intimamente relacionada a essa outra: por que é que uma norma vale, o que é que constitui o seu fundamento de validade? (...) O fundamento de validade de uma norma apenas pode ser a validade de outra norma. Uma norma que representa o fundamento de validade de outra norma é figurativamente designada como norma superior, por confronto com uma norma que é, em relação a ela, a norma inferior (Kelsen, 1979, p. 267).

Mais adiante, Kelsen explicita o conceito de norma fundamental, como uma metanorma que garante e unifica a validade de todas as outras normas válidas em um sistema normativo:

> Como já notamos, a norma que representa o fundamento de validade de outra norma é, em face dessa, uma norma superior. Mas a indagação do fundamento de validade de uma norma não pode, tal como a investigação da causa de um determinado efeito, perder-se no interminável. Tem que terminar com uma norma que se pressupõe como a última e mais elevada. Como norma elevada, ela deve ser pressuposta, visto que não pode ser posta por uma autoridade, cuja competência teria que se fundar em uma norma ainda mais elevada. A sua validade já não pode ser derivada de uma norma mais elevada, o fundamento da sua validade já não pode ser posto em questão. Uma tal norma, pressuposta como mais elevada, será aqui designada como norma fundamental (Grundnorm). (Kelsen, 1979, p. 269).

Essa questão da norma fundamental, pressuposta mas não enunciada, é semelhante à colocada por Tomás de Aquino (1225-1274) no contexto das discussões escolásticas, na Idade Média, sobre a natureza da causalidade e a prova racional na existência de Deus. Em sua obra *Summa Theologica*, Santo Tomás de Aquino produz cinco provas da existência racional de Deus. Acreditando ser possível discernir a verdade sobre Deus com base na Razão (conhecimento obtido pela racionalidade humana) e na Revelação (conhecimento dado, não acessível à racionalidade humana), Aquino viveu em um tempo no qual a influência dos textos gregos, particularmente os de Aristóteles, foi particularmente marcante. A influência aristotélica é especialmente visível na segunda prova da existência de Deus proposta por Santo Tomás. Nela, é feito argumento que a noção de causa e efeito implica não haver efeito sem causa (nesse contexto, descrita como causa eficiente – o que cria uma coisa e faz com que seu estado seja alterado). Santo Tomás de Aquino ressalta que, se a razão opera pela imputação de relações de causa e efeito, é forçoso admitir que não é possível haver uma cadeia infinita e indeterminada de causas e efeitos, sob pena de inviabilizar o próprio conceito de relação causal. Como as relações causais não podem ser infinitas, a idéia de uma primeira causa se impõe. No raciocínio proposto por Aquino, essa primeira causa seria Deus, e a sua existência seria assim racionalmente provada (Aquinas, 2000). Naturalmente, o argumento sobre a norma fundamental no domínio jurídico não é o mesmo proposto por Santo Tomás no domínio religioso, mas há similaridades marcantes entre as linhas de raciocínio de Kelsen e de Aquino.

Os raciocínios de Santo Tomás e de Kelsen são estruturalmente análogos ao raciocínio colocado por Weber sobre a questão da estruturação das organizações burocráticas. Na análise weberiana, todos os cargos, procedimentos e rotinas (todos exemplos de normas) de uma organização burocrática são estruturados segundo princípios de racionalidade instrumental, visando ao exercício da dominação pela autoridade racional-legal. Cada rotina ou procedimento (norma local de comportamento) se justifica pela sua inserção (racional) em rotinas ou procedimentos de nível superior (normas de comportamento mais genéricas), que finalmente se conectam a uma meta-rotina de natureza superior, uma rotina (norma de comportamento) não enunciada, mas pressuposta, para dar coerência ao sistema de rotinas. Essa meta-rotina corresponde assim ao propósito[4] da organização, à razão da sua existência ou, em outras palavras, à sua estratégia.

Nesse sentido, a estratégia de uma organização pode ser vista como uma interpretação coletiva (ao mesmo tempo hierárquica[5] e emergente[6]) do mundo exterior e da organização, cristalizada em uma metanorma pressuposta,

---

[4] Essa interpretação remete à posição clássica de Chester Barnard, que via como uma das principais funções do executivo o estabelecimento de uma '*Community of Purpose*' na Organização.

[5] A noção de hierarquia aqui referida remete à concepção de Herbert Simon, na sua obra a *Arquitetura da Complexidade*, na qual sistemas hierárquicos são aqueles formados por subsistemas com coerência interna.

[6] Uma das melhores descrições dos processos de emergência dentro de burocracias estruturadas é feita por James Brian Quinn, em sua descrição do incrementalismo lógico.

que define os objetivos e os problemas a serem resolvidos pelo conjunto de regras, de normas de decisão interconectadas que caracteriza uma burocracia. Embora essa definição possa estar aparentemente em desacordo com algumas escolas de estratégia, como a escola de Aprendizagem[7] (Argyris, 1977; Argyris e Schön, 1978; Christensen, 1997; De Geus, 1998; Gulati, 1999; Hitt, Dacin et al., 2000; Mintzberg, Ahlstrand et al., 2000; Arthur e Airman-Smith, 2001; Mintzberg, 2003), o fato de as organizações modernas serem essencialmente burocracias e, como argumentamos no Capítulo 1 deste trabalho, os modelos pós-burocráticos serem fundamentalmente isolados e instáveis, reforça a importância da característica hierárquica desse processo de interpretação. Isso não significa negar os aspectos emergentes da estratégia, mas acentuar o reconhecimento que, enquanto *design* organizacional, as burocracias funcionam como hierarquias de normas.[8]

Nesse sentido, estratégia é, em primeiro lugar, a definição das questões relevantes, mais do que a resposta a elas; é mais a definição de padrões unificadores que dêem coerência à ação das pessoas integrando complexos sistemas normativos, dando-lhes um propósito. Esse tópico será explorado com mais detalhes na conclusão deste trabalho, quando discutiremos a proposta de estratégia como gestão da ignorância.

Com o conceito de sistemas intencionais, argumentamos, no entanto, que a estratégia pressuposta de uma organização é, em primeiro lugar, uma simplificação cognitiva por parte de analistas externos e internos (para poder compreender e prever o comportamento das organizações). Em outras palavras, dentro desse conceito, organizações não têm estratégias, mas estratégias são a elas atribuídas por observadores externos.

Estratégia e Sistemas Intencionais – As Organizações Podem Pensar?

A noção de sistema intencional nasce a partir das discussões filosóficas a respeito da possibilidade de uma máquina pensar por si própria. Um dos

---

[7] *Learning School*, conforme Mintzberg, Alstrand e Lampel.

[8] De fato, desenhos organizacionais baseados em regras, tais como o modelo burocrático, implicam uma alocação hierárquica de funções para se lidar com problemas organizacionais. A alta gestão analisa ambientes complexos e define direções estratégicas, enquanto os níveis mais baixos aplicam regras e procedimentos formais ao executarem suas tarefas.

argumentos mais importantes sobre a questão de as máquinas poderem ou não pensar ou, mais propriamente, desenvolver habilidades cognitivas complexas, foi colocado por Alan Turing na década de 1950, antes mesmo da consolidação da tecnologia digital de processamento de dados, que permitiu a difusão em larga escala dos computadores na sociedade atual. No artigo intitulado *Computing Machinery and Intelligence* (Turing, 1950), o matemático inglês Alan Turing coloca a questão (à qual atribui profundo cunho filosófico): as máquinas podem pensar? A questão é colocada de maneira cuidadosa, precedida de indagações sobre as definições dos termos "máquina" e "pensar". Turing argumenta que, em termos da linguagem comum, essa questão seria difícil de ser respondida com precisão (a precisão matemática que ele claramente preza) e, finalmente, remeteria a uma incerta pesquisa estatística de opinião pública, como as realizadas pelo instituto Gallup (pesquisa essa que ele claramente vê como irrelevante).

Na tentativa de colocar o problema em outros termos e escapar da simples contagem de opiniões, Turing propõe o que passou a ser conhecido como o jogo da imitação (*the imitation game*), cujas regras básicas são as seguintes:

- O jogo se desenrola entre três pessoas: um homem (A), uma mulher (B) e um interrogador (C) que tanto pode ser homem como mulher.
- O interrogador não sabe quem é o homem nem quem é a mulher.
- O objetivo do jogo para o interrogador (C) é determinar qual dos jogadores (A) ou (B) é a mulher.
- O objetivo do jogo para o homem (A) é fazer o interrogador (C) pensar que ele é a mulher (B).
- O objetivo do jogo para a mulher (B) é fazer o interrogador (C) reconhecer que ela é realmente a mulher (B).
- No início do jogo, o homem, a mulher e o interrogador ficam em aposentos separados e se comunicam por escrito, por meio de mensagens datilografadas em máquinas de escrever.
- O interrogador (C) pode colocar qualquer questão, de qualquer tipo, sem limites de extensão ou complexidade, aos jogadores (A) e (B).
- O interrogador (C) pode colocar um número ilimitado de questões aos jogadores (A) e (B).

Em um jogo desse tipo, normalmente tanto o homem (A) como a mulher (B) adotarão nomes femininos. O homem (A) tentará responder como uma mulher responderia às questões, e a mulher (B) responderá de maneira a convencer o interrogador (C) de que ela é a verdadeira mulher. A questão colocada por Turing retorna então ao domínio da filosofia da Inteligência Artificial, quando ele coloca a questão em outros termos: o que aconteceria se uma máquina tomasse o lugar do homem (A) neste jogo? Em outras palavras, pode existir uma máquina (um programa) capaz de jogar o jogo da imitação de forma a enganar consistentemente um interrogador? Essa formulação tem a vantagem de focar as qualidades mentais abstratas (interação e conversação) e não a aparência física, aproximando-se mais do que comumente chamamos de inteligência ou pensamento. Mas, de forma geral, o problema permanece aberto.

O próprio Turing fornece algumas das possíveis extensões desse interessante problema.

Suponhamos um jogo de imitação, no qual temos apenas um interrogador (X) e um jogador (Y), que pode ser um computador ou um ser humano. Naturalmente, o interrogador (X) não sabe se (Y) é uma pessoa ou uma máquina. Suponhamos nessas condições, o seguinte diálogo:

X – Como está o tempo lá fora?

Y – Na verdade não sei, não há janelas neste quarto.[9]

X – Qual a raiz cúbica de 12309590238?

Y – (Pausa de 40 segundos)... 56457865, acho... desculpe... sempre fui meio ruim de matemática.[10]

X – Faça um verso para a sua namorada.

Y – Não tenho namorada, sou uma mulher! E não sou lésbica!

X – Desculpe.

Y – Está desculpado.

X – Então, por favor, faça um verso para o seu namorado!

---

[9] Notar que isso pode ser verdade ou mentira e nenhuma das duas respostas permite uma conclusão.

[10] Notar que é irrelevante para esse teste se a resposta dada é certa ou errada. Um computador pode ser programado para errar e uma pessoa pode ser muito boa em cálculos mentais (ou ter uma calculadora à mão).

Y – Não tenho namorado. O mercado está difícil, sabe?

X – Então faça um verso para seu último namorado.

Y – Você é insistente, hein? Tô fora! Eu nunca tive talento para poesia.[11]

É interessante notar que nenhuma das respostas acima permite distinguir com certeza uma pessoa de um programa sofisticado. A informalidade, a esquiva das questões, a construção progressiva de um personagem, tudo isso pode ser resultado de um engenhoso programa. Em interações curtas, até mesmo programas muito simples podem propiciar a ilusão de uma conversa com um ser humano. A resposta de Turing à questão de as máquinas poderem pensar, desenvolvida a partir do jogo de imitação, é bastante simples: se um ser humano interage com uma máquina da mesma forma que com um ser humano, então na verdade ele atribui inteligência à máquina, e, de um ponto de vista prático, podemos dizer que uma máquina pode pensar.[12]

---

[11] Notar que tanto uma pessoa como um computador poderiam ter feito o verso como foi pedido. Um computador poderia se basear em regras formais e fazer um verso qualquer.

[12] Colocando o problema nos termos do jogo de imitação, Turing argumenta que as máquinas podem efetivamente pensar, e comenta uma série de argumentos contrários à possibilidade de uma inteligência artificial. A primeira dessas objeções é de ordem teológica. Segundo esse argumento, o pensamento é uma função da alma imortal do homem, não sendo portanto possível em animais ou máquinas. Um segundo argumento examinado coloca que as conseqüências do pensamento por parte das máquinas seriam demasiadamente terríveis para serem examinadas. Outro argumento teria ainda um fundamento matemático: o teorema de Godel implica que existem limites ao processamento de máquinas digitais (que trabalham com representações algébricas), e mostra que, em qualquer sistema lógico complexo, há resultados que não podem ser provados nem reprovados (provados falsos) dentro do próprio sistema lógico, sem o uso de uma referência externa. O argumento que recebe mais atenção de Turing é justamente esse terceiro. Em relação a ele, esse autor coloca com propriedade que não há provas de que tais limitações lógicas também não se apliquem ao intelecto humano. Mais especificamente, que algumas máquinas programadas de acordo com algumas lógicas incompletas dariam respostas certas a umas questões e respostas erradas a outras, e nesse sentido, dar respostas erradas não distingue as máquinas dos seres humanos. Um quarto argumento apela para uma fundamentação filosófica que o pensamento está ligado à consciência e somente seres conscientes podem pensar. Um quinto questionamento é examinado, segundo o qual as máquinas nunca seriam capazes de fazer coisas diversas, por exemplo, ter iniciativa, senso de humor, distinguir o certo do errado, cometer erros, se apaixonar, deliciar-se com morangos, fazer alguém se apaixonar por elas, ser o objeto do próprio pensamento ou ter tanta diversidade de comportamento como um homem. Finalmente, mais três objeções são examinadas. Primeiramente, a que ficou conhecida como a objeção de Lady Lovelace. Segundo Ada Byron, condessa de Lovelace, (1815-1852): "*The analytical engine has no pretension of originate anything. It can do whatever we know how to order it to perform*". Essa colocação tem sido interpretada como uma afirmação de que as máquinas só sabem obedecer a ordens que lhes são dadas, mais nada. Uma variante da objeção de Lady Lovelace afirma que as máquinas nada podem fazer que não esteja determinado em

Passados mais de 50 anos da formulação inicial do teste de Turing, o sonho da inteligência artificial, como definido por Turing, ainda se encontra mais no reino da ficção científica do que na realidade prática. Ainda estamos longe de computadores com crises esquizofrênicas como o HAL9000, do filme *2001 uma Odisséia no Espaço* (Clarke, 1968), ou dos dilemas imaginados por Asimov em *Eu, Robô* (1950). No entanto, as questões sobre intencionalidade são particularmente atuais e relevantes, merecendo uma contínua discussão.

Essa linha de raciocínio será retomada e desenvolvida em seguida pelo filósofo americano Daniel Dennett, ao propor o conceito de sistemas intencionais (1981). Segundo Dennett, um sistema intencional é um sistema qualquer cujo comportamento é mais bem descrito quando lhe atribuímos crenças, atitudes e pensamentos, ainda que no nível estritamente analítico não hajam evidências de que tenha esses atributos (Dennett, 1971).

No início da década de 1970, esse filósofo propôs uma interessante fábula para discutir os problemas filosóficos colocados pelo crescimento da inteligência artificial e da atribuição de intencionalidade[13] (Dennett, 1978).

Ele aborda questões centrais de Filosofia de forma revolucionária, contando uma história imaginária e totalmente impossível, ainda que extremamente interessante do ponto de vista conceitual e bastante humorística. A história coloca a seguinte situação: ele mesmo, Dennett, é convocado pela Nasa para um projeto ultra-secreto, conhecido como STUD (*Supersonic Tunneling Underground Device*). O projeto STUD visava cavar um túnel em

---

seu programa, logo, nada podem fazer de realmente novo. Outro argumento apresentado diz respeito à continuidade do sistema nervoso: dado que ele não é uma máquina digital, as máquinas teriam dificuldades de emular o comportamento humano. Há também o argumento da informalidade do comportamento, que especifica que o comportamento humano é tão complexo que não é possível estabelecer regras precisas para cada eventualidade, para cada possível conjunto de circunstâncias que cada ser humano enfrenta no dia-a-dia. Finalmente, Turing coloca um argumento que reputa como forte, fundamentado nas provas científicas da existência da telepatia e da percepção extra-sensorial. Todos esses argumentos são descartados por Turing como essencialmente irrelevantes, em face da simplicidade operacional do teste proposto pelo jogo de imitação. A simplicidade e a lucidez desse artigo contribuíram para sua popularidade e seu impacto ao longo dos anos, e teve importantes desdobramentos na história do pensamento sobre inteligência artificial. O teste de Turing ficou conhecido como uma resposta paradigmática àqueles que questionam a viabilidade prática da criação de uma inteligência artificial. Por sua importância na literatura de ciência da computação, diversos comentários e extensões podem ser feitos a seu respeito.

[13] Esse texto encontra-se disponível na internet, no endereço: http://www.cs.umu.se/kurser/TDBC12/HT99/Dennett.html

velocidade supersônica através do centro da Terra, com propósitos militares (destruir os mísseis nucleares russos e chineses por baixo, e não por cima, com bombardeios e mísseis). Em seus estágios iniciais, uma falha no projeto STUD deixou uma ogiva atômica enterrada a 1 milha abaixo da cidade americana de Tulsa, de modo que ela precisava urgentemente ser recuperada, tarefa que coube a Dennett. Ocorre que a missão seria demasiadamente perigosa para o seu cérebro, pois radiações do centro da Terra seriam danosas para o cérebro (ainda que não para o resto do corpo). Tendo em vista essa particularidade, os cientistas da Nasa sugerem uma solução radical: separar o cérebro de Dennett do seu corpo, mantendo-o vivo em um laboratório, imerso em um líquido plasmático, sendo alimentado e oxigenado por máquinas, e ligá-lo ao seu corpo por meio de um sofisticado sistema de transmissão de rádio, permitindo o controle a distância de todas as funções motoras e de percepção. A operação naturalmente foi bem-sucedida e o cérebro de Dennett passou a controlar seu corpo a distância.

Para facilitar a argumentação, Dennett nomeia o seu cérebro de Yorick e o seu corpo de Hamlet.

Nesse momento, Dennett coloca pela primeira vez a questão: "Onde Estou?" (*Where am I?*). Aqui, perguntamos: Dennett está onde está Yorick, o seu cérebro (o centro de controle) ou onde está Hamlet, o seu corpo (o substrato físico que permite a execução das ordens do centro de controle)? Que critérios podem ser usados para decidir o que significa localização, nesse sentido?

A história continua e coloca questões ainda mais intrigantes.

Continuando sua aventura, Dennett, ou melhor, Hamlet, sai em sua missão subterrânea para recuperar a ogiva nuclear perdida. No decorrer dessa missão, a comunicação entre Hamlet e Yorick é cortada permanentemente, embora hajam indicações de que as funções vitais do primeiro continuam operando por algum tempo e as de pensamento continuem em Yorick, que se encontra portanto desencorpado (*disembodied*).

Após alguns momentos de desespero, Yorick entra em estado de hibernação e acorda conectado a outro corpo, com nova face e uma aparência completamente diferente. Esse novo corpo passa a ser chamado de Fortimbrás.

Nesse momento Dennett coloca pela segunda vez a questão: "Onde estou?" (*Where am I?*), indaga-se novamente se uma pessoa está onde está o seu cérebro ou onde está o seu corpo, e também qual o papel do corpo na percepção. Afinal, onde está Dennett? No laboratório, em Houston, como Yorick? Semimorto, no subsolo de Tulsa, como Hamlet? Ou andando pelas ruas como Fortimbrás? Novamente vem à tona a questão: onde reside a "essência" do ser humano, se é que ela existe?

E a história prossegue, pois os cientistas da Nasa conseguem criar uma duplicata exata dos processos mentais de Dennett em um supercomputador, criando uma perfeita simulação do seu cérebro. Dennett chama essa simulação de Hubert. Um comutador nos emissores de rádio que controlam as comunicações entre Yorick e Fortimbrás pode ser alterado, de forma que o controle de Fortimbrás passa de Yorick a Hubert, sem que qualquer observador externo possa notar alguma diferença, pois, afinal, Yorick e Hubert pensam as mesmas coisas, em perfeita sincronia. Os cientistas da Nasa podem então mudar o estado do comutador e trocar a fonte de controle de Yorick para Hubert e vice-versa. Como a sincronia dos cérebros orgânico e simulado era perfeita, trocar o comutador de um para outro não produzia qualquer diferença.

Nesse momento Dennett coloca pela terceira vez a questão: "Onde estou?" (*Where am I?*), e pela terceira vez indaga se uma pessoa está onde está o seu cérebro, ou onde está o seu corpo, e também qual o papel do cérebro na percepção. Afinal, onde está Dennett? Andando pelas ruas como Fortimbrás? No laboratório, como Yorick? No supercomputador, como Hubert? Como saber quem ou o que está controlando Fortimbrás? Hubert ou Yorick? Um detalhe final é acrescentado a essa história fantástica. A partir de certo momento, a sincronia perfeita entre Hubert e Yorick se rompe e mais uma vez ele se pergunta: "Onde estou?"

O questionamento de Dennett sobre a intencionalidade reflete uma série de perguntas importantes sobre Filosofia e sobre como podemos ver as estratégias das organizações.

Retomando o que colocamos neste capítulo, argumentamos que a estratégia de uma organização pode ser vista como uma interpretação do mundo exterior e da organização, cristalizada em uma metanorma pressuposta, que define os objetivos e os problemas a serem resolvidos pelo conjunto de regras, de normas de decisão interconectadas, que caracteriza uma burocracia. Em seguida, por meio do conceito de sistemas intencionais, argumentamos, no entanto, que a estratégia de uma organização (a metanorma pressuposta que dá sentido ao seu conjunto de normas inferiores – Rotinas e Procedimentos) é, em primeiro lugar, uma simplificação cognitiva (uma hipótese operacional) por parte de agentes externos e internos (para poder compreender e prever o comportamento dessas organizações). Em resumo, dentro desse conceito, organizações não têm estratégias, mas estratégias são a elas atribuídas por ser prático fazê-lo.

No Capítulo 6, desenvolvemos a idéia de que estratégias organizacionais podem ser concebidas dentro do conceito de sistemas intencionais descrito neste capítulo, como as questões que o conjunto estruturado de normas operacionais de uma organização visa responder.

Capítulo 6

Ignorância – Reflexões sobre Complexidade, Gestão do Conhecimento, Gestão da Ignorância e Estratégia[1]

Este capítulo analisa o conceito de complexidade de um ponto de vista epistemológico, fazendo a distinção entre complexidade e complicação. A partir dessa diferenciação, são exploradas algumas conseqüências de um e outro elementos em ambientes organizacionais. Finalmente, ligações são estabelecidas entre os conceitos de complexidade, gestão do conhecimento, gestão da ignorância, inovação e estratégia.

[1] O autor gostaria de agradecer ao Prof. Rafael Ramirez da École des Hautes Études Commerciales, que colaborou decisivamente para o desenvolvimento das idéias que fundamentam este texto. Parte delas é baseada em um artigo co-escrito por Flávio Vasconcelos e Rafael Ramirez, apresentado em 1997 no Organizational Learning Symposium, Lancaster University, Inglaterra.

Complexidade e Estratégia – Rumo a uma Ligação Prática entre Estratégia e Interpretação

No capítulo anterior, sugerimos que a estratégia de uma organização pode ser vista como uma interpretação do ambiente e da organização, cristalizada em uma metanorma pressuposta, que define os objetivos e os problemas a serem resolvidos pelo conjunto de regras e normas de decisão interconectadas que caracteriza uma burocracia. Como colocado no Capítulo 4, argumentamos que as organizações modernas são essencialmente burocracias, baseadas em uma estrutura de autoridade racional-legal. Em seguida, com o conceito de sistemas intencionais, argumentamos que a estratégia de uma organização (a metanorma pressuposta que dá sentido ao seu conjunto de normas inferiores – rotinas e procedimentos) é, em primeiro lugar, uma simplificação cognitiva (uma hipótese operacional) por parte de agentes externos e internos (para poder compreender e prever o comportamento dessas organizações). Em resumo, dentro desse conceito, as organizações não têm estratégias, mas estratégias são a elas atribuídas por ser prático fazê-lo.

Neste capítulo, desenvolvemos a idéia de que estratégias organizacionais podem ser concebidas dentro do conceito de sistemas intencionais, como as questões que o conjunto estruturado de normas operacionais de uma organização visa responder.

No seu conjunto, as análises desenvolvidas neste trabalho sugerem que a complexidade não é apenas um problema que as formas burocráticas de uma organização buscam minimizar.[2] Ela pode ser aumentada[3] e modificada, em vez de diminuída, para ampliar as oportunidades de aprendizagem em uma dada organização ou entre um conjunto de organizações. A complexidade, sob esse ponto de vista, não é um fator "dado" pelo ambiente, e sim um fator de produção, que necessita ser gerenciado como tal. A crescente complexidade pode ser um agente que contribui para a aprendizagem organizacional.

Nossa análise, na verdade, sugere que simplicidade e complexidade podem co-existir e co-evoluir.

---

[2] Essa sugestão é analisada mais detalhadamente no Capítulo 2.

[3] Um exemplo dessa idéia pode ser encontrado na Prática de John Seely Brown, que hoje ocupa o cargo de *chief confusion officer* na Xerox Corp. Ver. http://www.johnseelybrown.com/

Com o entendimento da complexidade que esboçamos, o papel da gestão pode se estender para além da integração da diversidade (Lawrence e Lorsch, 1967). Aqui, ela envolve a integração da incompatibilidade, da dissonância, dos contrários. Quanto mais houver lógicas com diferentes prioridades operacionais que possam ser tratadas conjuntamente dentro de uma única estrutura gerencial, melhor a estrutura enfrentará condições complexas (Normann e Ramirez, 1993).

Isso implica mover o foco do desenvolvimento da competência para fora da organização isolada, e para fora dos sistemas formais, ou seja, para áreas que conhecemos menos. Essa busca não é fácil. Em decorrência das interligações próximas entre as organizações, as que adquirem novas competências para lidar com a complexidade vão aperfeiçoá-la em ambientes transacionais e contextuais para si próprias, assim como para outras organizações (Castells, 1996). Como mostraram Delaunay e Gadrey (1987), a emergência de uma economia baseada em serviços gera maior incerteza nas relações econômicas e contribui para o desenvolvimento de mais incerteza, o que gera novos serviços. As organizações são, assim, obrigadas a se adaptarem a essa grande complexidade por meio do aperfeiçoamento das suas habilidades de aprendizagem, gerando mais complexidade para outras organizações. Esse círculo vicioso (ou virtuoso?) sinaliza que o papel da estratégia está se tornando mais complexo e mais vital. Para isso, iniciaremos analisando o conceito de gestão do conhecimento antes de chegarmos a uma redefinição de estratégia organizacional, de acordo com o descrito no capítulo anterior.

Gestão do Conhecimento

A noção de gestão do conhecimento tornou-se um dos temas mais freqüentemente citados na literatura administrativa recente (Glazer, 1998; Truran, 1998; Empson, 1999; Hansen, Nohria et al., 1999; Hoopes e Postrel, 1999; Dyer e Nobeoka, 2000; Gupta e Govindarajan, 2000; McEvily, Das et al., 2000; Spender, 2000; Brusoni, Prencipe et al., 2001; Hall, 2001; Nonaka e Teece, 2001; Szulanski, 2001; Turvani, 2001; Berman, Down et al., 2002; Davenport e Beck, 2002; McGaughey, 2002; McNamara, Luce et al., 2002; Sutton, 2002; Jackson, Hitt et al., 2003). Na maioria das vezes, os autores que abordam esse tema ressaltam a importância dos sistemas de informação e da capacidade dos executivos de interpretar informações presentes nas organizações e no seu meio ambiente. Neste capítulo, propomos uma visão alternativa do problema, focalizando ao mesmo tempo a questão do conhecimento e da ignorância, ambas presentes no contexto de decisão dos executivos, mas com conseqüências diferentes.

Um computador é tido como uma máquina complexa por ser feito de muitas partes interconectadas que desempenham funções predefinidas. Nesse sentido, um computador é uma máquina mais complexa que um rádio por ter mais partes distintas que podem ser combinadas de formas diferentes. Seguindo o mesmo argumento, construir um aeroporto internacional é mais complexo que construir uma casa popular, e um porta-aviões é mais complexo que um bote inflável. Complexidade, como descrita nesses exemplos, é proporcional à quantidade de informação necessária para descrever um elemento ou desempenhar uma tarefa.

Outro sentido de complexidade está envolvido, quando se diz que encontrar as tumbas de um faraó egípcio é uma atividade complexa. Encontrar tumbas escondidas é uma atividade complexa porque os arqueólogos ignoram total ou parcialmente onde elas estão localizadas, se foram saqueadas, se elas existem ou foram destruídas, ou mesmo se algum dia de fato existiram. Esse problema é ainda mais complexo porque as tumbas foram intencionalmente construídas para ficarem escondidas para sempre e nunca serem achadas novamente. Arqueólogos tentando achar essas tumbas devem imaginar, especular e tentar reconstruir os estratagemas usados pelos antigos construtores para esconder as pistas e indícios que pudessem levar à descoberta do local da construção. Arqueólogos em busca de tumbas escondidas devem refletir, contemplar as evidências e pistas encontradas, avaliando cuidadosamente o que sabem e também o que ignoram a respeito de um local e os povos que antes viveram ali. Da mesma maneira, elaborar teorias sobre a origem do universo também é uma atividade complexa, bem como discutir as conseqüências éticas de modernização. Nesses casos, a complexidade não surge do conhecimento preciso sobre como construir um objeto, mas da ignorância das variáveis fundamentais que governam uma determinada situação.

Seguindo o filósofo francês Henri Atlan, chamaremos ao primeiro conceito complicação e ao segundo complexidade (Atlan, 1979 e Atlan, 1991). Esses dois aspectos da percepção humana de complexidade – complicação e complexidade – são encontrados em contextos administrativos, mas representam coisas diferentes.[4] Objetos complicados requerem essencialmente uma

[4] Essa análise pode ser esclarecida com a ajuda de um exemplo concreto. Suponha que você tenha um jogo de construção do tipo Lego, e que recebeu duas tarefas:

- Construir a torre mais alta e estável possível com os blocos disponíveis.
- Construir o melhor brinquedo para crianças com os blocos disponíveis.

Assim que começar, você perceberá que esses dois exercícios implicam dois desafios completamente diferentes. Para se construir a torre mais alta possível com os blocos recebidos, analisa-se vários desenhos de torres, comparando-se com um conjunto de restrições. Esse é um exercício objetivamente definido: um algoritmo capaz de descobrir a melhor estrutura pode ser desenvolvido para cumprir a tarefa. Todos os parâmetros relevantes são definidos e não há objeto de discussão.

A segunda tarefa, contudo, envolve um desafio completamente diferente.

Para se construir um brinquedo com as peças de um jogo de construção, deve-se considerar, entre outras, as seguintes questões: (1) O que é um brinquedo? (2) Quais são os critérios para um brinquedo ser considerado "bom"? (3) Que tipo de brinquedo construir? (4) Como posso montar um brinquedo com as peças que tenho? (5) As crianças gostarão dele? Serão elas o único grupo a ser considerado? E seus pais? (6) As crianças vão reconhecê-lo como brinquedo? (7) Aprenderão como brincar com ele? Construir um brinquedo a partir de um jogo de construção não é apenas uma questão de otimizar recursos (blocos) para dado fim. Implica imaginar os objetivos a serem alcançados, baseando-se em informação incompleta e contraditória, e construir uma solução, não necessariamente a mais favorável, para atingir tal objetivo. Em outras palavras, não é questão de encontrar o melhor algoritmo e otimizar recursos, mas sim de comunicar, interpretar desejos, esclarecer o propósito e construir, baseando-se na ambigüidade. Nesse caso, as prioridades entre os fins não são nem bem-definidas nem fornecidas com antecedência. As soluções para tais problemas são inventadas, em vez de descobertas porque não são conseqüências lógicas do problema. São criadas a partir da interação entre o problema e os atores que nele trabalham, muitas vezes mudando o sentido dos termos utilizados para descrevê-lo. As duas tarefas são exemplos de tipos diferentes de complexidade. Henri Atlan (1979 e 1991) desenvolveu dois conceitos complementares de complexidade que chamou respectivamente de complexidade "algorítmica" e "natural". Neste trabalho, usamos o termo "complicação" para nos referirmos à complexidade algorítmica (procedimental); e complexidade quando nos referirmos à complexidade natural (contextual). No exemplo do jogo de construção Lego, construir a torre mais alta e estável é um exemplo de problema que aborda a complicação – complexidade algorítmica. Construir um bom brinquedo é exemplo de problema que aborda a complexidade – natural, contextual. A complexidade algorítmica diz respeito à dificuldade em se solucionar um problema bem-definido. É uma questão de se encontrar uma solução por meios que podem ser estabelecidos em um algoritmo (um conjunto predefinido de procedimentos que podem ser processados em um computador) e institucionalizados como regras.

Um problema mais simples requereria um algoritmo curto e outro mais complicado e um algoritmo mais longo. Montar uma torre com os tijolos Lego exige um algoritmo relativamente pequeno. Enviar homens a outros planetas é um problema mais complicado. Exige mais cálculos, mas os fins são fixos, as opções técnicas conhecidas e a seleção entre as alternativas para se encontrar um caminho para torná-lo exeqüível pode ser feita de acordo com métodos preestabelecidos. A complexidade natural ou contextual acarreta um fenômeno diferente. Diz respeito a situações nas quais a finalidade não é conhecida *a priori* – ou reconhecível – pelo ator em questão. Aqui, a complexidade é medida em termos de falta de informação. Complexidade visão clássica de gestão do conhecimento, enquanto situações de alta complexidade requerem o que definiremos como gestão da ignorância.

Mesmo antes de a gestão do conhecimento se transformar em um assunto do momento em administração, Michael Porter e Victor Millar já descreviam, em 1985, as vantagens competitivas esperadas do uso da informação como um recurso estratégico (Porter e Millar, 1985). Segundo esses autores, a revolução da tecnologia da informação pode mudar a natureza da competição entre empresas e criar vantagens competitivas sustentáveis para as que melhor souberem aproveitar as potencialidades tecnológicas. Isso se dá porque a informática pode mudar a forma de operação das empresas e modificar radicalmente as suas cadeias de valor. Os autores notam também que a informática está ampliando o conteúdo de informação de produtos, transformando processos e mudando a natureza da competição.

Mais recentemente, o japonês Ikujiro Nonaka foi um dos pioneiros da difusão da gestão do conhecimento como uma prática administrativa (Nonaka, 1993; Nonaka e Takeuchi, 1995; Nonaka e Teece, 2001). Ele argumenta, em vários de seus livros e artigos, que a habilidade das empresas japonesas em gerir o conhecimento tácito e integrá-lo com o conhecimento explícito é uma fonte importante de vantagem competitiva para elas. Segundo Nonaka, um modelo que vise administrar os aspectos dinâmicos do conhecimento organizacional tem como tema central que o conhecimento organizacional é criado por um diálogo contínuo entre conhecimento tácito e explícito (Nonaka e Takeuchi, 1995). Um exame da natureza desse diálogo identifica quatro padrões de interação que envolvem conhecimento tácito e explícito:

1. de conhecimento tácito para conhecimento tácito;
2. de conhecimento explícito para conhecimento explícito;
3. de conhecimento tácito para conhecimento explícito; e
4. de conhecimento explícito para conhecimento tácito.

Nonaka propõe um modelo no qual o conhecimento novo é desenvolvido por indivíduos isolados, ao passo que as organizações desempe-

---

é uma função do grau da ignorância do ator sobre os princípios operacionais da realidade. Quando se deparam com a complexidade natural, ambos – problemas e soluções – devem ser factualmente (de *factum*, fazer) inventados em vez de descobertos fora dos dados. O exemplo Lego ilustra isso.

nham um papel crítico, articulando-o e ampliando-o. Esse autor desenvolve ainda um "modelo espiral" de criação de conhecimento, mostrando a relação entre as dimensões ontológico-epistemológicas da criação do conhecimento. A espiral ilustra a criação de um conceito novo, em termos de um diálogo ininterrupto entre conhecimento tácito e explícito. Nesse modelo, conforme um novo conceito ressoa em uma comunidade, extrapolando o nível individual, ele é desenvolvido e clarificado evolutivamente. De modo gradual, conceitos úteis e valiosos obtêm uma aceitação mais ampla e são progressivamente cristalizados.

Diversos outros autores contribuíram para o desenvolvimento da literatura sobre gestão do conhecimento, mas limitemo-nos a comentar as posições expressas em três contribuições fundamentais para o campo da gestão do conhecimento: a noção de aplicação (*deployment*), analisada por Teece, a noção de comunidades de prática, proposta por Seely Brown e Duguid, e a visão compreensiva de gestão do conhecimento, desenvolvida por Davenport e Prusak.

O que convencionamos chamar gestão do conhecimento envolve a determinação do que a empresa sabe ou deveria saber para alcançar um determinado objetivo estratégico. Nesse sentido, Davenport e Prusak argumentam que o conhecimento é uma mistura fluida de experiência condensada, valores, informação contextual e *insight* experimentado, a qual proporciona uma estrutura para a avaliação e a incorporação de novas experiências e informações (Davenport e Prusak, 1998). O conhecimento tem origem e é aplicado na mente dos conhecedores. Nas organizações ele deve estar embutido não só em documentos ou repositórios, como também em rotinas, processos, práticas e normas organizacionais. Nessa perspectiva, o conhecimento é visto como um ativo da empresa, além do que, esses autores vêem o conhecimento como um ativo corporativo e defendem que os executivos devem entender a necessidade de gerir o conhecimento e cercá-lo do mesmo cuidado dedicado à obtenção de valor de outros ativos mais tangíveis.

E, do fato de o conhecimento ser um ativo a ser otimizado, os autores concluem que cada vez mais as empresas competirão entre si e se diferenciarão com base no que sabem. Essa visão do conhecimento como um ativo a ser utilizado em situações competitivas é também partilhada por outros autores, como David Teece, John Seely Brown e Paul Duguid. Teece propõe uma visão do conhecimento também considerado como um ativo da organização, embora notando as dificuldades que se colocam à utilização plena dos ativos de conhecimento. Esse autor enfatiza que estruturas, incentivos e administração adequados podem ajudar as empresas a gerarem inovação e a construírem ativos de conhecimento. Porém, o foco que ele propõe não está na criação de ativos de conhecimento, mas no seu desenvolvimento e uso. Enquanto ativos de conhecimento são fundamentados na experiência e habilidades dos indivíduos, as empresas fornecem o espaço físico, o ambiente social e a estrutura de distribuição desses recursos intangíveis, de forma que o conhecimento possa ser transformado em competências.

Como são configuradas essas competências e como os ativos de conhecimento contribuem para isso são fatores determinantes para os resultados competitivos e para sucesso comercial das empresas. Desse modo, segundo a posição defendida por Teece, a vantagem competitiva das empresas nos ambientes econômicos atuais não se baseia em sua posição de mercado, mas na sua capacidade de gerar ativos de conhecimento de difícil reprodução, e na maneira pela qual eles são aplicados. A dimensão da aplicação (*deployment*), do ponto de vista estratégico, é para Teece o elemento mais importante da gestão do conhecimento nas organizações (Teece, 2002).

Seely Brown e Duguid, por sua vez, abordam a gestão do conhecimento por outro lado, defendendo uma posição segundo a qual o caráter distintivo da gestão do conhecimento está no conhecimento coletivo e não no individual dos membros da organização (Brown e Duguid, 2000). Eles ponderam que, em muitas situações, trabalho e conhecimento não são facilmente decompostos no conhecimento de indivíduos isolados, mas obstinadamente permanecem propriedades (emergentes) de grupo. Esses autores ressaltam o fato de que propriedades emergentes das organizações e das comunidades de prática podem ser fatores determinantes da eficácia de uma organização nas tarefas associadas com complexidade. Segundo o argumento desenvolvido por esses autores, as relações entre os indivíduos e os grupos, em uma organização, permitem o desenvolvimento coletivo, coerente e sinérgico do conhecimento organizacional, muito além da soma das contribuições individuais.

Apesar das diferenças de abordagem, as noções de gestão do conhecimento ora discutidas têm um elemento em comum. O conhecimento é visto como *know-how*, como o saber envolvido na solução de problemas e também é visto como o *know-how* coletivo da organização, a sua "expertise" expressa no conhecimento que essa organização coletivamente acumulou e nos problemas que ela efetivamente consegue resolver. Portanto, este capítulo, sem contestar as visões descritas, pretende mostrar uma visão complementar a que chamamos de gestão da ignorância.

A Co-evolução entre Conhecimento e Ignorância

Há uma longa tradição em Filosofia que considera que o conhecimento vem não somente das afirmações que se pode fazer, como também das questões que se pode levantar. Essa tradição filosófica pode ser remetida a Sócrates que, com seu método aporético, visava refutar o saber aparente e chegar ao reconhecimento da ignorância, como ponto de partida da reflexão filosófica, o que justifica sua famosa máxima: "*Só sei que nada sei*".

Também reconhecendo o papel da ignorância no processo de conhecimento, o filósofo medieval Nicolau Cusanus (1401-1464) desenvolveu o conceito de *docta ignorantia* (douta ignorância) para explicar a sua compreensão de Deus (Cusanus, 1985). Assim, quanto mais douto, mais o homem perceberá a ignorância que resulta da sua finitude diante da infinitude de Deus e da Sua obra. Nesse sentido, Cusanus argumenta que quanto mais conhecimento tiver um homem, mais ele terá consciência da sua ignorância. Nas palavras de Cusanus:

> Então, a essência das coisas, que é a verdade dos seres, é inacessível em sua pureza, sendo, entretanto, buscada por todos os filósofos, mas por ninguém é achada como é. E, quanto mais profundamente somos instruídos na nossa ignorância, mais nós nos aproximamos da verdade (Cusanus, 1985, Livro I, p. 76).

No campo da Filosofia Moderna, Maurice Merleau-Ponty (1969) também enfatiza as interações entre conhecimento e ignorância, entre o visível e o invisível. Segundo ele, o que define o conteúdo de um objeto é o que lhe falta – é o não-dito, o ausente. O foco dado por ele recai, assim, sobre a relação entre mensagem e contexto, mostrando, por exemplo, que um quadro só pode ser compreendido em função do que nele está ausente, e uma frase só faz sentido a partir do que ela cala e do que foi dito antes.

Essas contribuições filosóficas ressaltam um aspecto freqüentemente esquecido na literatura atual sobre gestão do conhecimento. O fato é que o conhecimento não se compõe somente de respostas e de *know-how*, mas também de indagações, questões, dúvidas e incertezas. Essa visão mais ampla do conhecimento nos conduz à idéia de que o sábio não é somente aquele que conhece todas as respostas, como também aquele que sabe colocar as perguntas certas.

Por outro lado, como tratar a questão da ignorância dentro da administração? Dado que o conhecimento que se tem da realidade é sempre imperfeito e parcial, uma proposta prática de gestão da ignorância envolve a estimativa do que não se sabe sobre certo objeto, processo ou situação, a avaliação das conseqüências dessa ignorância e a descoberta de estratégias para lidar com ela. Nesse sentido, ignorância inclui o que essa pessoa sabe que não sabe (ignorância assumida), o que ela não sabe que sabe (conhecimento tácito), e o que ela não sabe que não sabe (falsas certezas).

Como dito anteriormente, construir uma máquina mais rápida, mais eficiente (um computador, um avião etc.) é um problema que requer aperfeiçoamento das variáveis conhecidas e que se remete diretamente à visão de gestão do conhecimento como ativos corporativos. Porém, a criação de valor para o cliente, a melhoria da sua satisfação pela criação de produtos e serviços radicalmente inovadores depende não apenas da avaliação de variáveis conhecidas, como também da redefinição e da reinterpretação das variáveis fundamentais (e talvez da descoberta de novos aspectos não antes considerados). Esse problema envolve não apenas a análise racional dos estoques de conhecimento existentes, como também a sensibilidade, a intuição, e até mesmo um pouco de adivinhação, para se colocar as questões mais adequadas. Esse é um problema que remete a pontos de complexidade, de ambigüidade e à gestão da ignorância. No mundo empresarial, lidar com complicação significa achar a melhor solução para um determinado problema: é uma questão de eficiência. Reciprocamente, lidar com complexidade significa construir o problema certo a ser resolvido – é uma questão de efetividade. Para atingir um nível superior de efetividade, uma organização deve aprender não só a gerir conhecimento, como também a gerir a ignorância.

À medida que ganhamos conhecimento em um tópico, surgem perguntas adicionais sobre tópicos conexos. A ignorância sobre esses tópicos nos leva a investigações adicionais, gerando novo conhecimento. Nesse sentido, um processo dialético emerge: *Ignorância e conhecimento co-evoluem*. Eles geram um ao outro, na medida em que nos engajamos em processos de definição e solução de problemas. Dessa maneira, o pensamento humano, ao mesmo tempo em que reduz ignorância pela descoberta de soluções antes desconhecidas, também cria ignorância em um nível superior, pela abertura de novas questões que decorrem do novo conhecimento. Conhecimento e ignorância co-evoluem porque conhecimento novo, ao responder a algumas velhas perguntas, também abre horizontes novos e coloca novas perguntas.

Assim, recupera-se a posição de Sócrates e Cusanus: quanto mais uma pessoa sabe, mais ela não sabe. Em um universo fechado, mais conhecimento significa menos ignorância, porém, em um universo aberto, no qual o número de questões não é *a priori* limitado, mais conhecimento pode significar mais ignorância, como o aumento do número e da relevância das perguntas abertas.

A co-evolução de conhecimento e ignorância em administração de empresas é um fenômeno concreto nos dias de hoje. Paradoxalmente foi a era do conhecimento que levou o homem ao ápice da sua ignorância.

Atualmente, o peso das questões ainda abertas, especialmente em ciências humanas, é maior do que nunca. Em termos práticos, mais informação e conhecimento não necessariamente ajudam as empresas a serem inovadoras, criativas ou pioneiras na implantação de novas formas de criação de valor, pois essas atividades estão mais ligadas à habilidade de colocar perguntas do que à capacidade de gerir o conhecimento como um ativo.

Conhecimento, Ignorância e Inovação

Na década de 1930, Joseph Schumpeter, um dos economistas mais influentes do século XX, propôs que a evolução dos agentes econômicos dependeria de duas atividades complementares às quais chamou de *exploration* e *exploitation*. A primeira relaciona-se à eficiência das operações atuais da organização, e a segunda, à procura de alternativas novas para o futuro. Essas duas competências são antitéticas e complementares. Outros teóricos no campo da teoria organizacional como James March observaram que as organizações desenvolveram mecanismos para ambas (*exploration* e *exploitation*) e devem encontrar uma combinação adequada entre elas, para sobreviverem e prosperarem (March, 1999).

Podemos considerar de forma geral que, nessa perspectiva, há dois tipos distintos de inovação: a que focaliza o aperfeiçoamento de configurações de valor existente e a que o faz na construção de novas configurações de valor. Chamamos a essas duas modalidades de microinovação e macroinovação, que focalizam respectivamente as atividades de *exploration* e *exploitation*.

- Microinovações: são inovações que se caracterizam pelo aumento do desempenho de produtos e serviços existentes. Compõem-se de mudanças que visam aperfeiçoar uma rede de valor existente. Microinovações normalmente se dão com a introdução de novas funções e características em produtos e serviços, e também no aumento da sua performance, sem que as suas características sejam radicalmente modificadas. Por exemplo: desde os anos 30, os automóveis mantiveram o mesmo conceito básico – quatro rodas, motores de combustão interna, volante, transmissão, bancos e pára-brisa. Também o design dos aviões a jato é basicamente o mesmo, desde que o Boeing 707 foi introduzido, na década de 1950. Em ambos os casos, o desempenho foi aumentado drasticamente, em termos de segurança e eficiência econômica, embora a concepção básica do produto tenha permanecido inalterada por longo período.
- Macroinovações: são inovações radicais que criam uma nova configuração de atores econômicos, estão ligadas à criação de valores qualitativamente novos e implicam a constituição de novas redes de atores que colaboram para criar valor (constelações de valor). Por exemplo: o advento do microcomputador criou uma indústria inteiramente nova, com a Microsoft e Intel nos papéis centrais. O computador pessoal foi uma inovação radical porque desafiou a suposição, mantida por muitos na indústria de informática, de que não havia nenhuma razão para uma pessoa ter um computador para uso pessoal. Microcomputadores não foram simplesmente uma evolução dos computadores de grande porte, foram produtos novos que seguiram regras de evolução completamente diferentes, o que explica o fato de os grandes fabricantes de sistemas de grande porte (IBM, Digital, Unisys) terem fracassado em suas tentativas de controlar o mercado de microcomputadores da mesma forma que controlavam

o mercado de computadores de grande porte. Seguindo o mesmo raciocínio, a Internet foi inovadora porque computadores pessoais foram transformados em dispositivos de comunicação em vez de calculadoras isoladas, modificando radicalmente os usos possíveis desse equipamento.

Microinovações são obtidas quando respondem às questões colocadas dentro do quadro de pensamento dado pelo sistema de produção existente, focando a melhoria de performance de produtos. Trata-se de uma busca de soluções para problemas reconhecidos e aceitos, pautados por parâmetros conhecidos (custo, tempo, velocidade, segurança etc.).

Macroinovações são criadas pela extensão e pela reconstrução da sabedoria convencional. São o resultado da reinterpretação de ambigüidades e da descoberta de potencialidades até então ignoradas. Trata-se, dessa forma, de uma atividade de busca por novas questões e não somente de busca por soluções para questões conhecidas. Nessas inovações, os parâmetros de performance não são dados; ao contrário, são interativamente construídos pelos inventores.

Em ambos os casos, a inovação focaliza a atividade de criação de valor. No segundo caso inventando valores novos e, no primeiro, aperfeiçoando valores existentes. Microinovações são importantes para atingir ganhos operacionais e prover melhorias contínuas nos sistemas de produção. Macroinovações são fundamentais por permitirem saltos qualitativos nos sistemas produtivos, nas posições competitivas das empresas e nas configurações da arquitetura de relacionamento entre atores econômicos.

Dado que os ambientes organizacionais e interorganizacionais são extremamente complexos e que ignoramos muito da sua textura causal (Emery e Trist, 1965), há sempre lugar para novas interpretações desses ambientes, colocando novas questões e novos objetivos para os atores econômicos. Há sempre lugar para ver as coisas diferentemente e inovar, desafiando as suposições que normalmente pautaram o comportamento de produtores e consumidores. Essa atitude de inovação, centrada nas questões a serem feitas, visando à reconstrução da arquitetura de relacionamento entre atores econômicos, requer, no entanto, uma postura de gestão do conhecimento que vá além da gestão de ativos de conhecimento. Para se focalizar essa potencialidade de macroinovação, é vital tratar as ambigüidades pertinentes, as omissões, os esquecimentos e os pressupostos que baseiam a visão convencional das coisas.

Em outras palavras, é vital olhar para a ignorância que acompanha o conhecimento, o que pode ser inspirado pelo que foi colocado pelo filósofo chinês Lao Tsé, há 2.500 anos:

> Quando todas as pessoas do mundo reconhecem a beleza como beleza,
> Lá surge o conhecimento da feiúra.
> Quando reconhecem o bem como o bem,
> Lá surge a percepção do mal.
> Dessa forma, o ser e o não ser produzem um ao outro.

Referências Bibliográficas

ANDREWS, K. The concept of corporate strategy. *Resources, Firms and Strategies*, p. 52-60. N. Foss. Oxford: Oxford University Press, 1997.

ANDREWS, K. R. *The concept of corporate strategy*. 3. ed. Homewood: Dow Jones-Irwin, 1971.

ANSOFF, H. I. *Corporate strategy*. Harmondsworth: Penguin, 1965.

__________. Toward a strategic theory of the firm. *Business Strategy*, p. 11-40. Londres: Penguin Books, 1970.

__________. *Strategic management*. Nova York: Wiley, 1979.

__________. *Implanting strategic management*. Englewood Cliffs, Nova Jersey: Prentice-Hall International, 1984.

AQUINAS, T. Selected writings. Londres: Penguin Books, 2000.

ARGYRIS, C. Double loop learning in organizations. *Harvard Business Review*, p. 115-25, set.-out., 1977.

__________. Teaching smart people to learn. *Harvard Business Review*, p. 99-109, maio-jun., 1991.

ARGYRIS, C.; SCHÖN, D. *Organizational learning*: a theory of action perspective. Reading: Addison-Wesley, 1978.

ARTHUR, J. B.; AIRMAN-SMITH, L. Gainsharing and organizational learning: an analysis of employee suggestions over time. *Academy of Management Journal*, p. 737-54, nº 44, abr., 2001.

ASHBY, W. R. *Introduction to cybernetics*. Londres: Routledge & Keegan Paul, 1964.

ATLAN, H. *Entre le cristal et la fumée*. Paris: Editions Du Seuil, 1979.

__________. L'intuition du complexe et ses théorisations. In: SOULIÉ, F. F. *Les théories de la complexité*. Paris: Editions Du Seuil, 1991.

BAEHR, P. The iron cage e a Shell as hard as steel: Parsons, Weber, and the stahlhartes Gehäuse metaphor in the protestant ethic and the spirit of capitalism. *History and Theory*, nº 40, p. 153-69, 2001.

BAIN, J. S. *Barriers to new competition*. Cambridge: Harvard University Press, 1956.

BARNARD, C. The functions of the executive. Boston: Harvard University Press, 1938.

BARNEY, J. Organizational culture: can it be a source of sustained competitive advantage? *Academy of Management* Journal nº 11, 3. ed., p. 656, out., 1986.

____________. Strategic factor markets: expectations, luck and business strategy. *Management Science*, nº 32, 10 ed., p. 1231-41, 1986a.

____________. Types of competition and the theory of strategy: toward an integrative framework. *Academy of Management Review* nº 11, 4. ed., p. 791, 1986b.

____________. Firm resources and sustained competitive advantage. *Journal of Management* nº 17 jan., p. 99-120, 1991.

____________. *Gaining and sustaining competitive advantage*. Upper Saddle River: Prentice-Hall, 1997.

____________. *Gaining and sustaining competitive advantage*. Upper Saddle River: Prentice-Hall, 2002.

____________. Resource-based theories of competitive advantage: a ten year retrospective on the resource-based view. *Journal of Management* nº 27, p. 643-50, 2001.

BARNEY, J.; WRIGHT, M., et al. The resource-based view of the firm: ten years after 1991. *Journal of Management* nº 27, jun., p. 625-41, 2001.

BARR, P. S. Mindscapes in management: use of individual differences in multicultural management. *Academy of Management. The academy of management review* nº 21, fev., p. 558-62, 1996.

BERMAN, M. O Fausto de Goethe: a tragédia do desenvolvimento. In: BERMAN, M. *Tudo que é sólido desmancha no ar.* São Paulo: Companhia das Letras, 1988, p. 37-84.

BERMAN, S. L.; DOWN, J. et al. Tacit knowledge as a source of competitive advantage in the National Basketball Association. *Academy of Management Journal* nº 45, p. 13-31, jan. 2002.

BERTALANFFY, L. von. *Teoria geral dos sistemas*. Petrópolis: Vozes, 1977.

BETTIS, R. A.; PRAHALAD, C. K. The dominant logic – retrospective and extension. *Strategic Management Journal* nº 16, p. 3-14, 1995.

BETTON, J.; DESS, G. G. The application of population ecology models to the study of organizations. *The Academy of Management Review* nº 10, p. 750-57, abr., 1985.

BROWN, J. S.; DUGUID, P. *The social life of information*. Boston: Harvard Business School Press, 2000.

BRUBAKER, R. *The limits of rationality*. Londres: Routledge, 1984.

BRUSONI, S.; PRENCIPE, A. et al. Knowledge specialization, organization coupling, and the boundaries of the firm: why do firms know more than they make? *Administrative Science Quarterly* nº 46, p. 597-621, abr., 2001.

BURNS, T.; STALKER, G. *The management of innovation*. Londres: Tavistock, 1961.

BURT, R. Structural holes and good ideas. *American Journal of Sociology*, (disponível), 2003.

____________. Cornerstones of competitive advantage – market structure, performance and strategy. Chicago: University of Chicago – Graduate School of Business, 2004.

____________. Positions in networks. *Social Forces* nº 55, p. 93-122, jan., 1976.

____________. Autonomy in a social topology. *The American Journal of Sociology* nº 85, p. 892-925, abr., 1980.

CALVINO, I. *Seis propostas para o próximo milênio*. Tradução: Ivo Barroso. São Paulo: Companhia das Letras, 1990.

CHANDLER J., A. *Strategy and Structure*. Cambridge: MIT Press, 1962.

____________. *Ensaios para uma teoria histórica da grande empresa*. Rio de Janeiro: Editora da Fundação Getulio Vargas, 1998.

____________. Organizational capabilities and the economic history of the industrial enterprise. *The Journal of Economic Perspectives*, nº 6, p. 79-100, mar., 1992.

CHRISTENSEN, C. Learning by doing. *Harvard Business Review*, p. 144-56, nov.-dez., 1997.

COHEN, M.; MARCH, J. et al. A garbage can theory of organizational choice. *Administrative Science Quarterly*, nº 17, p. 1-25, 1972.

COLEMAN, J. M. *James Coleman: selected works*. Chicago: Renaissance Society At The University of Chicago, 1985.

COMTE, A. *Comte: early political writings* (Cambridge texts in the history of political thought). Cambridge: Cambridge University Press, 1998.

CORIAT, B.; DOSI, G. Learning how to govern and learning how to solve problems: on the co-evolution of competences, conflicts and organizational routines. *The Dynamic Firm*, p. 103-133. CHANDLER, A.; HAGSTROM, P.; SORVELL, O. Oxford: Oxford University Press: 1998.

CUSANUS, N. *On learned ignorance*. Minneapolis: Banning Press, 1985.

CYERT, R.; MARCH, J. *A behavioral theory of the firm*. Londres: Blackwell, 1963.

DAFT, R.; WEICK, K. Toward a model of organizations as interpretation systems. *Academy of Management Review*, nº 9, 1984.

DAVENPORT, T. H.; BECK, J. C. The strategy and structure of firms in the attention economy. *Ivey Business Journal* nº 66, p. 48-54, abr., 2002.

DAVENPORT, T. H.; PRUSAK, L. *Working knowledge*: how organizations manage what they know. Cambridge: Harvard Business School Press, 1998.

DE GEUS, A. Planning as learning. *Harvard Business Review*, p. 70-8, mar.-abr., 1998.

DELAUNAY, J. C.; GADRAY, J. Les enjeux de la société de services. Paris: Presses de la Fondation Nationale de Sciences Politiques, 1987.

DENNETT, D. C. Intentional systems. *The Journal of Philosophy*, nº 68, p. 87-106, abr., 1971.

______. *Brainstorms*: philosophical essays on mind and psychology. Cambridge: MIT Press – Bradford Books, 1978.

______. Intentional Systems. In: HAUGELAND, J. *Mind design*. Montgomery, Vermont: Bradford Books, 1981.

DEWEY, J. *Experience and education*. Nova York: Free Press, 1997.

DiMAGGIO, P.; POWELL, W. W. The iron cage revisited: institutional isomorphism and collective rationality in organizational fields. *American Sociological Review* nº 48, p. 147-60, 1991.

DRUCKER, P. *Management*. Londres: Pan Books, 1977.

DURKHEIM, E.; LUKES, S. *The rules of sociological method*. Nova York: Free Press, 1982.

DYER, J. H.; NOBEOKA, K. Creating and managing a high-performance knowledge-sharing network: The Toyota case. *Strategic Management Journal*, nº 21, p. 345-67, mar., 2000 (Publicação especial: rede estratégica).

EMERY, F.; TRIST, E. The causal texture of organizational environments. *Human Relations*, nº 18, p. 21-32, 1965.

EMPSON, L. Knowledge management: in search of the philosophers' stone. *Business Strategy Review*, verão de 1999.

FAYOL, H. *General and industrial management*. Filadélfia: Institute of Electrical & Electronics Engineers, 1984.

GHEMAWAT, P. *Games business play*. Cambridge: MIT Press, 1995.

______. *Strategy and the business landscape*. Reading: Addison-Wesley, 1999.

______. *A estratégia e o cenário de negócios* – Texto e Casos. Porto Alegre: Bookman, 2000.

GLAZER, R. Measuring the knower: towards a theory of knowledge Equity. *California Management Review* nº 40, p. 175-94, 1998.

GÖDEL, K. On formally undecidable propositions of principia mathematica and related systems. *Anzeiger Der Akad D. Wiss*, nº 19, 1930.

GRANOVETTER, M. The strength of weak ties. *America Journal of Sociology*, nº 78, p. 1360-80, 1973.

______. The strength of weak ties: a network theory revisited. *Sociological Theory*, nº 1, p. 201-33, 1983.

______. Economic action and social structure: the problem of embeddedness. *American Journal of Sociology*, nº 91, p. 481-510, mar., 1985.

GULATI, R. Network location and learning: the influence of network resources and firm capabilities on alliance formation. *Strategic Management Journal* nº 20, p. 397-420, 1999.

GULATI, R.; NOHRIA, N. et al. Strategic networks. *Strategic Management Journal*, nº 21, p. 203-15, 2000.

GUPTA, A. K.; GOVINDARAJAN, V. Knowledge flows within multinational corporations. *Strategic Management Journal* nº 21, p. 473-96, abr., 2000.

HABERMAS, J. *Théorie de l'agir communicationnel* – Tomo 1. Paris: Fayard, 1987.

HAGSTROM, P.; HEDLUND, G. A three-dimmensional model of changing internal structure in the firm. In: *The dynamic firm*. CHANDLER, A. J.; HAGSTROM, P.; SORVELL, O. Oxford: Oxford University Press, 1998, p. 166-91.

HAIR, J. F.; TATHAM, R. L., et al. *Multivariate data analysis*. Upper Saddle River: Prentice Hall, 1998.

HALL, R. The Social Life of Information. *Futures*, nº 33, p. 205-207, fev., 2001.

HAMEL, G.; DOZ, Y. L. et al. Collaborate with your competitors – and win. *Harvard Business Review*, p. 133-39, jan.-fev., 1989.

HAMEL, G.; PRAHALAD, C. K. Strategic intent. *Harvard Business Review*, p. 63-76, maio-jun., 1989.

______. Strategy as stretch and leverage. *Harvard Business Review*, p. 75-84, mar.-abr., 1993.

______. Strategy as revolution. *Harvard Business Review*, p. 69-82, jul.-ago., 1996.

HANSEN, T. M.; NOHRIA, N. et al. What's your strategy for managing knowledge? *Harvard Business Review*, nº 77, p. 106-16, 1999.

HECKSCHER, C. Defining the post-bureaucratic type. In: HECKSCHER, C.; DONNELLON, A. *The Post Bureaucratic Organization*. Thousand Oaks: Sage Publications, 1993, p. 14-62.

______. The post bureaucratic organization. In: HECKSCHER, C.; DONNELLON, A. *The Post Bureaucratic Organization*. Thousand Oaks: Sage, 1993.

HEDLUND, G. A model of knowledge management and the n-form corporation. *Strategic Management Journal*, verão, 1994.

HITT, M. A.; DACIN M. T. et al. Partner selection in emerging and developed market contexts: resource-based and organizational learning perspectives. *Academy of Management Journal* nº 43, p. 449-67, mar., 2000.

HOOPES, D. G.; POSTREL, S. Shared knowledge, "glitches", and product development performance. *Strategic Management Journal* nº 20, p. 837-65, set., 1999.

HUFF, A. S. *Mapping strategic thought*. Chichester, Nova York: Wiley, 1990.

JACKSON, S. E.; HITT, M. A. et al. *Managing knowledge for sustained competitive advantage*: designing strategies for effective human resource management. São Francisco: Jossey-Bass, 2003.

JAMES, W. *The writings of William James*: a comprehensive edition (Phoenix book). Chicago: University of Chicago Press, 1978.

JAMES, W.; BOWERS, F. et al. *Pragmatism, a new name for some old ways of thinking*; the meaning of truth, a sequel to pragmatism. Cambridge: Harvard University Press, 1978.

JAMES, W.; GUNN, G. B. *Pragmatism and other writings*. Nova York: Penguin Books, 2000.

JENSEN, M. C. Agency costs of free cash flow, corporate finance, and takeovers (in the market for corporate control). *The American Economic Review* nº 76, p. 323-29, fev., 1986. (Papers and Proceedings of The Ninety-Eighth Annual Meeting of The American Economic Association.)

____________. The modern industrial revolution, exit, and the failure of internal control systems. *The Journal of Finance* nº 48, p. 831-80, mar., 1993.

JOHNSON, R. A.; WICHERN, D. W. *Applied multivariate statistical analysis*. Upper Saddle River: Prentice Hall, 2002.

KASPAROV, G. Strategic intensity. *Harvard Business Review*, p. 49-53, abr., 2005.

KELSEN, H. *Teoria pura do direito*. Coimbra, Arménio Amado (ed. sucessor), 1979.

KIRZNER, I. *Discovery and the capitalist process*. Chicago: The University of Chicago Press, 1985.

____________. Entrepreneurial discovery and the competitive market process: an Austrian approach. *Journal of Economic Literature*, nº 35, p. 60-85, mar., 1997.

LAWRENCE, P.; LORSCH, J. *Organizations and environment*. Cambridge: Harvard University Press, 1967.

LIDDELL H. B. *Strategy*. Nova York: Meridian Books, 1991.

LINDBLON, C. E. The science of muddling through. *Business Strategy*, p. 41-60. ANSOFF, I. Londres: Penguin Books, 1970.

LORSCH, J.; LAWRENCE, P. Organizing for product innovation. *Harvard Business Review*, p. 109-22, jan., 1965.

MALINOWSKI, B. *Argonauts of the Western Pacific*. Nova York: Waveland Press, 1984.

MARCH, J. Exploration and Exploitation in organizational learning. *The pursuit of organizational intelligence*, p. 114-36. J. March. Oxford: Blackwell Publishers Ltd., 1999.

MARCH, J.; SIMON, H. *Organizations*. Nova York: McGraw-Hill, 1958.

MARCH, J. G. *The pursuit of organizational intelligence*. Oxford: Blackwell, 1999.

MARCH, J. G.; SIMON, H. A. *Organizations*. Londres: Blackwell Publishers, 1993.

MCEVILY, S. K.; DAS, S. et al. Avoiding competence substitution through knowledge sharing. *Academy of Management. The Academy of Management Review* nº 25, p. 294-311, fev., 2000.

MCGAUGHEY, S. L. Strategic interventions in intellectual asset flows. *Academy of Management. The Academy of Management Review*, nº 27, p. 248-74, fev., 2002.

MCKELVEY, B. Avoiding complexity catastrophe in coevolutionary pockets: strategies for rugged landscapes. *Organization Science* nº 10, p. 294-321, mar., 1993. (Special Issue: Application of Complexity Theory to Organization Science.)

MCNAMARA, G. M.; LUCE, R. A. et al. Examining the effect of complexity in strategic group knowledge structures on firm performance. *Strategic Management Journal*, nº 23, p. 153-70, fev., 2002.

MERLEAU-PONTY, M. *The visible and the invisible*: followed by working notes (studies in phenomenology and existential philosophy). Chicago: Northwestern University Press, 1969.

MERTON, R. K. *Sociologia – teoria e estrutura*. São Paulo: Mestre Jou, 1968.

MEYER, J.; ROWAN, B. Institutionalized organizations: formal organizations as myth and ceremony. *The new institutionalism in organizational analysis*, p. 108-42. POWELL, W; DiMAGGIO, P. Chicago: The University of Chicago Press, 1991.

MINTZBERG, H. *The nature of managerial work*. Nova York: Harper & Row, 1973.

____________. Patterns in strategy formation (in strategy formulation). *Management Science*, nº 24, p. 934-48, set., 1978.

____________. *The structuring of organizations*: a synthesis of the research. Englewood Cliffs: Prentice Hall, 1979.

____________. *Power in and around organizations*. Englewood Cliffs: Prentice Hall, 1983.

____________. *The rise and fall of strategic planning*: reconceiving roles for planning, plans, planners. Toronto: Free Press – Maxwell Macmillan Canada, 1994.

____________. *The strategy process*: concepts, contexts, cases. Essex: Pearson Education Limited, 2003.

MINTZBERG, H.; AHLSTRAND, B. et al. *Safári de estratégia*. Porto Alegre: Bookman, 2000.

MINTZBERG, H.; LAMPEL, J. Reflecting on the strategy process. *Sloan Management Review*, nº 40, p. 21-30, mar., 1999.

____________. et al. *Strategy safari*: a guided tour through the wilds of strategic management. Nova York: Free Press, 1998.

MONTGOMERY, C A.; WERNERFELT, B. Sources of superior performance: market share *versus* industry. *Management Science* nº 37, p. 954-6, ago., 1991.

MONTGOMERY, C. A.; HARIHARAN, S. Diversified expansion by large established firms. *Journal of Economic Behavior & Organization*, nº 15, p. 71, jan., 1991.

MONTGOMERY, C. A.; R. KAUFMAN The board's missing link. *Harvard Business Review*, nº 81, p. 86-93, mar., 2003.

MONTGOMERY, C. A.; PORTER, M. E. *Strategy*: seeking and securing competitive advantage. Boston: Harvard Business School Press, 1991.

MONTGOMERY, C. A.; WERNERFELT, B. Diversification, ricardian rents, and tobin's q. *The Rand Journal of Economics* nº 19, p. 623-40, abr., 1988.

__________. et al. *Strategy content and the research process: a critique and commentary*, nº 10, p. 189-99, fev., 1989.

NOHRIA, N.; J. BERKLEY The virtual organization: bureaucracy, technology and the implosion of control. In: HECKSCHER, C.; DONNELLON, A. *The Post Bureaucratic Organization*. Thousand Oaks: Sage Publications, p. 14-62, 1993.

NONAKA, I. A dynamic theory of organizational knowledge creation. *Organization Science*, fev., 1993.

NONAKA, I.; TAKEUCHI, T. *The knowledge creating company*. Oxford: Oxford University Press, 1995.

NONAKA, I.; TEECE, D. J. *Managing industrial knowledge*: creation, transfer and utilization. Londres; Thousand Oaks: Sage, 2001.

NORMANN, R.; RAMIREZ, R. Designing interactive strategy – from value chain to value constellation. *Harvard Business Review*, 1993.

NORTH, C. D. *Structure and change in economic history*. Nova York: WW Norton, 1981.

NORWICH, J. J. *A short history of Byzantium*. Nova York: Vintage Press, 1998.

PARSONS, T. Sugestões para um tratado sociológico da teoria das organizações. In: ETZIONI, A. *Organizações complexas*. São Paulo: Atlas, 1976.

PENROSE, E. *The growth of the firm*. Oxford: Oxford University Press, 1957

PERROW, C. A framework for comparative organizational analysis. In: SCOTT, W. *Readings in organizational behavior and human performance*. Homewood: Richard Irwin, 1967.

PORTER, M. E. How competitive forces shape strategy. *Harvard Business Review* nº 2, mar.-abr., 1979.

__________. *Competitive strategy* – techniques for analyzing industries and competitors. Nova York: Free Press, 1980.

__________. The contributions of industrial organization to strategic management. *Academy of Management Review* nº 6, p. 609-20, abr., 1981.

____________. *Competitive advantage* – creating and sustaining superior performance. Nova York: Free Press, 1985.

____________. What is strategy. *Harvard Business Review*, p. 61-78, nov.-dez., 1996.

____________. Strategy and the internet. *Harvard Business Review*, p. 61-78, mar., 2001.

____________. The contributions of industrial organization to strategic management. *Academy of Management. The Academy of Management Review*, nº 6, p. 609, abr., 1981.

PORTER, M. E.; MILLAR, V. E. How information gives you competitive advantage. *Harvard Business Review*, nº 63, p. 149-60, abr., 1985.

POWELL, W. W.; DiMAGGIO, P. Eds. *The new institutionalism in organizational analysis*. Chicago: University of Chicago Press, 1991.

PRAHALAD, C. K.; BETTIS, R. A. The dominant logic: a new linkage between diversity and performance. *Strategic Management Journal*, nº 7, p. 485-501, jun., 1986.

PRAHALAD, C. K.; HAMEL, G. The core competence of the corporation. *Harvard Business Review* nº 66, maio-jun., 1990.

QUESNAY, F. *The economical table*. Portland: University Press of The Pacific, 2004.

QUINN, J. B. *Logical incrementalism*. Homewood: Irwin, 1980.

RADCLIFFE-BROWN, A. R. *Structure and function in primitive society*. Nova York: Free Press, 1965.

SCHUMPETER, J. A. *The theory of economic development*: an inquiry into profits, capital, credit, interest and the business cycle. Cambridge: Harvard University Press, 1934.

____________. *Capitalisme, socialisme et démocratie*. Paris: Editions Payot, 1982.

SCHÜTZ, A. *On phenomenology and social relations*: selected writings. Chicago: University of Chicago Press, 1970.

SCOTT, W. R. The adolescence of institutional theory. *Administrative Science Quarterly* nº 32, 1987.

SELZNICK, P. Decisões críticas no desenvolvimento de organizações. In: ETZIONI, A. *Organizações Complexas*. São Paulo: Atlas, 1976, p. 345-51.

____________. Leadership in administration. In: FOSS, N. *Resources, firms and strategies*. Oxford: Oxford University Press, 1997, p. 21-6.

SENGE, P. *The fifth discipline*. Nova York: Doubleday/Currency, 1990.

SENGE, P.; LANNON, C. Managerial Microworlds. *Technology Review*, nº 93, p. 62-8, 1990.

SIMON, H. *Administrative behavior*. Nova York: Macmillan, 1945.

____________. *The new science of management decision*. Englewood Cliffs: Prentice Hall, 1960.

________. *The sciences of the artificial.* Cambridge: MIT Press, 1981.

SMIRCICH, L.; STUBBART, C. Strategic Management in an enacted world. *Academic of Management Review*, v.10, n. 4, p. 724-36, 1965.

SMITH, A. *The wealth of nations.* Nova York: Bantam Books, 1994.

SPENDER, J. C. Tacit knowledge in organizations. *Academy of Management. The Academy of Management Review* nº 25, p. 443-46, fev., 2000.

STAKE, R. E. *The art of case study research.* Thousand Oaks: Sage Publications, 1995.

SUTTON, R. Turning knowledge into action. *Chief Executive* **The Leigh Advisor**, p. 14-16, 2002.

SZULANSKI, G. Knowledge creation: a source of value. *Academy of Management. The Academy of Management Review* nº 26, p. 318-20, fev., 2001.

TEECE, D.J.; PISANO, G. The dynamic capabilities of firms: an introduction. In: *Industrial and Corporate Change* nº 3, p. 537-56, mar., 1994.

TEECE, D. J. Economic analysis and strategic management. *California Management Review* nº 26, p. 87-110, mar., 1984.

________. *Managing intellectual capital – organizational, strategic, and policy dimensions.* Londres: Oxford University Press, 2002.

THOMPSON, J. *Organizations in action.* Nova York: McGraw-Hill, 1967.

TRURAN, W. R. Pathways for knowledge: how companies learn through people. *Engineering Management Journal* nº 10, p. 15-20, abr., 1998.

TURING, A. M. Computing machinery and intelligence. *Mind* **LIX**: p. 236, 1950.

TURVANI, M. Microfoundations of knowledge dynamics within the firm. *Industry and Innovation* nº 8, p. 309-23, mar., 2001.

TVERSKY, A.; KANEMAN, D. Judgment under uncertainty: heuristics and biases. *Science* nº 185, p. 1124-31, 1974.

VASCONCELOS, F. C.; CYRINO, A. B. Vantagem competitiva: os modelos teóricos atuais e a convergência entre estratégia e teoria organizacional. *Revista de Administração de Empresas* nº 40, p. 20-37, abr., 2000.

NEUMANN, J. von.; MORGENSTERN, O. *Theory of games and economic behavior.* Princeton: Princeton University Press, 1944.

WALDROP, M. M. *Complexity:* the emerging science at the edge of order and chaos. Nova York: Simon & Schuster, 1992.

________. Computing's Johnny appleseed. *Technology Review* nº 103, p. 66-71, jan., 2000.

WALKER, G. Economics meets sociology in strategic management. *Administrative Science Quarterly* nº 47, p. 364, fev., 2002.

WEBER, M. Objectivity in social sciences. In: BRODBECK M. *Readings in the philosophy of the social sciences.* Londres: Macmillan, 1968.

______. *Economy and society*. Berkeley: University of California Press, 1978.

______. *Economie et societé*. Paris: Plon, 1990.

WEICK, K. *A psicologia social das organizações*. São Paulo: Edusp, 1973.

______. Educational organizations as loosely coupled systems. *Administrative Science Quarterly* nº 21, p. 1-19, jan., 1976.

______. *Sensemaking in organizations*. Beverly Hills: Sage Publications, 1995.

______. Organizational design: organizations as self-designing systems. In: WEICK, K. *Making sense of organizations*. Oxford: Blackwell Publishers Ltd., 2001, p. 404-19.

______. Organizational redesign as improvisation. In: WEICK, K. *Making sense of organizations*. Oxford: Blackwell Publishers Ltd., 2001a, p. 57-91

WERNERFELT, B. A resource-based view of the firm. *Strategic Management Journal*, nº 5, p. 171-80, 1984.

______. From critical resources to corporate strategy. *Journal of General Management*, nº 14, vol. 3, p. 4-12, mar., 1989.

______. The resource-based view of the firm: ten years after. *Strategic Management Journal*, nº 16, vol. 3, p. 171-4, mar., 1995.

WHITTINGTON, R. *What is strategy, and does it matter?* Londres, Nova York: Routledge, 1993.

WILLAMSON, O. E. The economics of internal organization: exit and voice in relation to markets and hierarquies. *American Economic Review*, p. 369-77, 1976.

______. *Markets and hierarchies:* analysis and antitrust implications. Nova York: The Free Press, 1975.

______. The economics of organization: the transaction cost approach. *The American Journal of Sociology* nº 87, p. 548-77, mar., 1981.

YIN, R. *Case study research* – design and methods. Thousand Oaks: Sage, 1994.

Impresso por

META

www.metabrasil.com.br